复合人才培养系列丛书

# 完整大学生活实践与教育管理创新

◎ 胡列 著

华中科技大学出版社
http://press.hust.edu.cn
中国·武汉

图书在版编目(CIP)数据

完整大学生活实践与教育管理创新 / 胡列著. -- 武汉：华中科技大学出版社，2024.8.
ISBN 978-7-5772-0001-9

Ⅰ.G645.5

中国国家版本馆 CIP 数据核字第 2024Q8J794 号

## 完整大学生活实践与教育管理创新

胡　列　著

Wanzheng Daxue Shenghuo Shijian yu Jiaoyu Guanli Chuangxin

| | |
|---|---|
| 策划编辑： | 汪　粲 |
| 责任编辑： | 徐定翔　梁睿哲 |
| 封面设计： | 原色设计 |
| 责任监印： | 周治超 |
| 出版发行： | 华中科技大学出版社（中国·武汉）　电话：(027)81321913 |
| | 武汉市东湖新技术开发区华工科技园　邮编：430223 |
| 录　　排： | 华中科技大学惠友文印中心 |
| 印　　刷： | 武汉科源印刷设计有限公司 |
| 开　　本： | 710mm×1000mm　1/16 |
| 印　　张： | 13.25 |
| 字　　数： | 220 千字 |
| 版　　次： | 2024 年 8 月第 1 版第 1 次印刷 |
| 定　　价： | 59.00 元 |

本书若有印装质量问题，请向出版社营销中心调换
全国免费服务热线：400-6679-118　竭诚为您服务
版权所有　侵权必究

# 作者简介

胡列,博士,教授,1963年出生,毕业于西北工业大学,1993年初获工学博士学位,师从原中国航空学会理事长、著名教育家季文美大师。现任西安理工大学高科学院董事长,西安高新科技职业学院董事长。

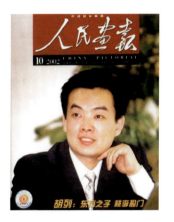

先后被中央电视台"东方之子"特别报道,荣登《人民画报》封面,被评为"陕西省十大杰出青年""陕西省红旗人物""中国十大民办教育家""中国民办高校十大杰出人物""中国民办大学十大教育领袖""影响中国民办教育界十大领军人物""改革开放30年中国民办教育30名人""改革开放40年引领陕西教育改革发展功勋人物"等,被众多大型媒体誉为创新教育理念最杰出的教育家之一。

胡列博士先后发表上百篇论文和著作,近年分别在西安交通大学出版社、华中科技大学出版社、哈尔滨工业大学出版社、清华大学出版社、人民日报出版社、未来出版社等出版的专著和教材见下表。

| 复合人才培养系列丛书: | 概念力学系列丛书: |
|---|---|
| 高新科技中的高等数学 | 概念力学导论 |
| 高新科技中的计算机技术 | 概念机械力学 |
| 大学生专业知识与就业前景 | 概念建筑力学 |
| 制造新纪元:智能制造与数字化技术的前沿 | 概念流体力学 |
| 仿真技术全景:跨学科视角下的理论与实践创新 | 概念生物力学 |
| 艺术欣赏与现代科技 | 概念地球力学 |
| 科技驱动的行业革新:企业管理与财务的新视角 | 概念复合材料力学 |
| 实践与认证全解析:计算机-工程-财经 | 概念力学仿真 |
| 在线教育技术与创新 | 实践数学系列丛书: |
| 完整大学生活实践与教育管理创新 | 科技应用实践数学 |
| 我的母亲 | 土木工程实践数学 |
| 大学生创新实践系列丛书: | 机械制造工程实践数学 |
| 大学生计算机与电子创新创业实践 | 信息科学与工程实践数学 |
| 大学生智能机械创新创业实践 | 经济与管理工程实践数学 |
| 大学物理应用与实践 | 未来科教探索系列丛书: |
| 大学生现代土木工程创新创业实践 | 科技赋能大学的未来 |
| 建筑信息化演变:CAD-BIM-PMS融合实践 | 科技与思想的交融 |
| 创新思维与创造实践 | 未来科技文学:古代觉醒 |
| 大学生人文素养与科技创新 | 未来科技与大学生学科知识演进 |
| 我与女儿一同成长 | 思维永生 |

# Author Biography

Dr. Hu Lie, born in 1963, is a professor who graduated from Northwestern Polytechnical University. He obtained his doctoral degree in Engineering in early 1993 under the guidance of Professor Ji Wenmei, the former Chairman of the Chinese Society of Aeronautics and Astronautics and a renowned educator. Dr. Hu is currently the Chairman of the Board of Directors of The HI-TECH College of XI'AN University of Technology and the Chairman of the Board of Directors of XI'AN High-Tech University. He has been featured in special reports by China Central Television as an "Eastern Son" and appeared on the cover of "People's Pictorial" magazine. He has been recognized as one of the "Top Ten Outstanding Young People in Shaanxi Province" "Red Flag Figures in Shaanxi Province" "Top Ten Private Educationists in China" "Top Ten Outstanding Figures in Private Universities in China" "Top Ten Education Leaders in China's Private Education Sector" "Top Ten Leading Figures in China's Private Education Field" "One of the 30 Prominent Figures in China's Private Education in the 30 Years of Reform and Opening Up" and "Contributor to the Educational Reform and Development in Shaanxi Province in the 40 Years of Reform and Opening Up" among others. He has been acclaimed by numerous major media outlets as one of the most outstanding educators with innovative educational concepts.

Dr. Hu Lie has published over a hundred papers and books. In recent years, his monographs and textbooks have been published by the following presses: Xi'an Jiaotong University Press, Huazhong University of Science and Technology Press, Harbin Institute of Technology Press, Tsinghua University Press, People's Daily Press, and Future Press. The details are listed in the table below.

| Composite Talent Development Series: | Conceptual Mechanics Series: |
|---|---|
| Advanced Mathematics in High-Tech Science and Technology | Introduction to Conceptual Mechanics |
| Computer Technology in High-Tech Science and Technology | Conceptual Mechanical Mechanics |
| College Students' Professional Knowledge and Employment Prospects | Conceptual Structural Mechanics |
| The New Era of Manufacturing: Frontiers of Intelligent Manufacturing and Digital Technology | Conceptual Fluid Mechanics |
| Panorama of Simulation Technology: Theoretical and Practical Innovations from an Interdisciplinary Perspective | Conceptual Biomechanics |
| | Conceptual Geomechanics |
| Appreciation of Art and Modern Technology | Conceptual Composite Mechanics |
| Technology-Driven Industry Innovation: New Perspectives on Enterprise Management and Finance | Conceptual Mechanics Simulation |
| Practical and Accredited Analysis: Computing-Engineering-Finance | **Practical Mathematics Series:** |
| Online Education Technology and Innovation | Applied Mathematics in Science and Technology |
| Comprehensive University Life: Practice and Innovations in Educational Management | Applied Mathematics in Civil Engineering |
| My Mother | Applied Mathematics in Mechanical Manufacturing Engineering |
| | Applied Mathematics in Information Science and Engineering |
| **College Student Innovation and Practice Series:** | Applied Mathematics in Economics and Management Engineering |
| College Students' Innovation and Entrepreneurship Practice in Computer and Electronics | |
| College Students' Innovation and Entrepreneurship Practice in Intelligent Mechanical Engineering | **Future Science and Education Exploration Series:** |
| University Physics Application and Practice | The Future of Universities Empowered by Technology |
| College Students' Innovation and Entrepreneurship Practice in Modern Civil Engineering | The integration of technology and thought |
| Evolution of Architectural Informationization: CAD-BIM-PMS Integration Practice | Future Science and Technology Literature: Ancient Awakening |
| Innovative Thinking and Creative Practice | Future Technology and the Evolution of University Student Disciplinary Knowledge |
| Cultural Literacy and Technological Innovation for College Students | Mind Eternal |
| Growing Up Together with My Daughte | |

# 丛书序一

在这个科技加速进步的时代,传统的知识体系和教育模式已经难以满足社会对复合型人才的需求。我非常高兴为"复合人才培养系列丛书"撰写序言。作为一位关注跨学科知识融合和人才培养研究的学者,我深切认识到,面对挑战愈演愈烈的社会,我们需要一种新的教育策略,这正是本系列丛书所提供的,它既有广度,更有深度;既有实用性,更有前瞻性。

本系列丛书以交叉学科和复合技能为核心,致力于培养既具有深厚专业知识又拥有广泛跨领域知识和实践能力的新型人才。通过以下精心编撰的书籍,胡列博士向我们展现了一个以创新思维和复合能力为核心的全新人才培养框架:

《高新科技中的计算机技术》:介绍计算机科学的最新进展及其在多个领域中的应用,强调计算机技术在推动跨学科创新中的关键作用。

《制造新纪元:智能制造与数字化技术的前沿》:探讨智能制造和数字化技术如何共同推进制造业的现代化和高效化。

《科技驱动的行业革新:企业管理与财务的新视角》:从科技角度重新定义企业管理和财务,展示科技如何促进更全面、更有效的管理实践。

《仿真技术全景:跨学科视角下的理论与实践创新》:倡导仿真技术在不同学科中的应用,为跨学科研究提供支持。

《在线教育技术与创新》:深入研究在线技术如何在教育改革中发挥作用,提高教学质量和效率。

《艺术欣赏与现代科技》:探讨艺术与科技的结合如何开辟新的创造领域和审美维度,对理解艺术和科技的交叉具有重要价值。

《实践与认证全解析:计算机-工程-财经》《大学生专业知识与就业前景》以及《完整大学生活实践与教育管理创新》:这些书籍从高等教育的科学内涵出发,集中讨论如何培养学生的跨学科能力和应对复杂问题的能力。

这套丛书不仅是跨学科知识的宝库,更是一份面向教育者、学者、管理者和所有渴望提升自我的奋进者的实践指南。通过胡列教授的丰富学术积累和对教育的深刻理解,我们得以一窥复合型人才培养的全新模式。这些书籍深化了我们对专业知识的理解,并拓宽了我们对世界多样性的认识,是对快速变化社会的积极回应。

无论您是哪个领域的专家,或是追求个人发展的践行者,这套丛书都将成为您不可多得的资源和指南,引领我们共同在快速变化的世界中不断前行。

舒德干

中国科学院院士、国家自然科学奖一等奖获得者

**2024 年 3 月**

# 丛书序二

我很高兴为这套精心编选的"复合人才培养系列丛书"写序。身为一位长期关注科技、教育和人才发展的院士,我愈加明了在这个快速变化的时代,单一的知识结构和传统的教育模式已难以满足社会的需求。本系列书籍以其前瞻性和实用性,应时而生、应需而变,为我们提供了一个独特的视角来重新审视和构建 21 世纪的人才培养模型。

我也深深地认识到培养复合型人才的重要。在传统的学科研究中,我们往往过于强调深度而忽视广度,过于重视理论而轻视实践。然而,在科技快速发展、行业不断迭代的今天,交叉知识和复合技能成为一种趋势,也是未来人才竞争力的重要来源。本系列丛书以交叉和复合为核心理念,兼顾专业性与通用性,强调创新思维与实践应用,旨在培养具有多元素综合能力的复合型人才。

凌晓峰<br>
加拿大工程院院士<br>
2024 年 3 月

# 本书序一

学生和教师始终是大学勇攀高峰的不竭动力,是大学勇立潮头的中流砥柱,大学治理能力是实现国家治理体系和治理能力现代化极为关键的支撑。《完整大学生活实践与教育管理创新》这本书正好抓住了学生、教师、治理这三个高校发展极为重要的因素,广泛而深入地探讨了如何实现全面的大学生活和有效的教育管理,及其在当下强国建设、民族复兴的新征程上具有的重要理论和实践意义。

这是一本具有创新性的大学之书,它将学生、教师和管理者三个主要角色紧密联系在一起,构建了一个完整的大学教育管理体系。通过从多个角度加以分析和深入的讨论,该书让读者可以深入了解完整大学生活实践和现代教育管理的重要性,掌握相关的理论和实践知识,从而更好地应对挑战,实现持续进步。

这是一本体现全面性的大学之书,它覆盖了大学生活和现代教育管理的方方面面,从学生的成长与发展、教师的角色与使命,到大学管理的各个要素。每个篇章都从不同角度探讨了问题,并提供了具体的案例和实用的建议,使读者能够更加深入地理解和应用。

可以说,这本书是顺应新时代新时期创新人才培养和大学治理的重要著作,对于引导学生树立远大理想、肩负崇高使命,对于激发教师教育热情和创新意识、更新教学理念和方法,对于解放大学管理者思想、培养其改革创新意识,从而推进治理能力和治理体系现代化,具有不言而喻的重要作用和意义。

在阅读这本书的过程中,我深感胡列教授的教育情怀和责任担当。他联系自己多年的研究和教育实践,从大处着眼、细处着手,将宏大的教育话题和细微的操作实践紧密地结合在一起,聚焦大学的发展问题,并给出了有力的回答,这是一件不易、难得的好事情!

是为序。

郭立宏
西北大学校长
2023 年 5 月 16 日

# 本书序二

胡列博士，一位执着的教育家，一位富有创新精神的教育实践者。我有幸与他共事五年，见证了他在大学教育领域的卓越成就和深远影响，目睹了他对教育理念的不懈追求，对学生发展的无私奉献，以及对教育管理创新的积极探索。

胡列教授是一位真正的教育家，他对教育事业的热爱和责任感贯穿于他的教学和领导工作中。他不仅在教育理论上取得了丰硕成果，还将其理念付诸实践，致力于为学生创造一个完整大学生活实践。他以身作则，不遗余力地培养学生的创新能力、思维深度和社会责任感，努力使他们成为具备复合知识与创新能力的人才。

《完整大学生活实践与教育管理创新》这本书凝聚了胡列教授多年的教育智慧和实践经验。这是一部具有创新性和前瞻性的著作，全面探讨了大学生活与教育管理的重要性，为教师和管理者提供了全面的指导和启示。通过对学生、教师和管理者角色的深入剖析，该书展现了一个完整的大学教育管理体系，并提出了实用的理论和方法。

在阅读本书的过程中，我深感胡列博士对教育事业的热情和执着。他以他的渊博学识和实践经验为基础，为读者呈现了一个全面、立体和创新的大学教育管理模式。他的观点深入浅出，案例丰富生动，既具有理论深度，又有实践可操作性。该书将为教师和管理者提供宝贵的参考和指导，帮助他们更好地适应和应对现代社会的挑战。

我由衷地向胡列教授表示崇高的敬意和衷心的感谢。他的教育智慧和贡献不仅对学生和教师具有重要意义，也为大学治理体系和治理能力现代化提供了宝贵的经验和启示。希望胡列博士的教育理念和成果能够得到更广泛的传播和应用，为教育事业发展做出更大的贡献。

安宁
西安音乐学院原党委书记
2023年6月1日

# 前言

当代大学教育正面临着前所未有的挑战和机遇。大学,作为培养社会未来领导者的重要场所,肩负着繁重的使命。大学教师和教育管理者需要面对不断变化的教育环境,寻求教育教学模式创新和质量提升。因此,如何构建并实践完整的大学生活,如何创新并优化教育管理体系,都是重要且紧迫的课题。

《完整大学生活实践与教育管理创新》一书应运而生。本书由学生篇、教师篇和管理篇三个部分构成,对大学生活和教育管理进行了全方位的探讨。本书的目标是为学生提供完整大学生活实践指导,使其理解实践完整大学生活的重要性;为教师和教育管理者提供理论和实践的参考,帮助他们提升教育教学能力,创新教学方法,更好地服务于学生的全面发展。

在学生篇中,我们强调了构建一个全方位、多维度的大学生活实践体系的重要性,为教师和管理者提供了一种理想的教育视角。在教师篇中,我们深入探讨了如何提升教师的教育教学能力、创新教学方法,以及如何按照未来的大学课程改革方向,构建在线教育 MOOC 体系。最后,在管理篇中,我们讨论了如何构建和优化教育管理体系,为大学的日常运行提供有效的管理和服务。

本书的编写离不开众多专家学者的辛勤努力和无私奉献。他们以丰富的教育经验和独到的见解,为本书提供了宝贵的学术支持和指导。我由衷感谢他们的贡献和付出。

我希望读者能够以积极的态度去阅读本书,从中获取对大学生活和教育管理的深刻理解和启示。无论是教师还是教育管理者,我们都应该共同努力,推动大学教育创新与发展,为培养具备复合知识和创新能力的社会栋梁贡献力量。愿《完整大学生活实践与教育管理创新》成为您的良师益友,指导您在教育的道路上取得更大的成就!

胡列

2023 年 3 月

# 目录

引言　大学是塑造人生竞争力的关键时刻　　　　　　　　　　／1

## 学生篇

### 第一章　树立远大志向，践行核心价值观，明确职业规划　／15
　　第一节　志存高远，明确职业规划　　　　　　　　　　／15
　　第二节　著名的科学家在大学期间开始树立远大志向
　　　　　　的事例　　　　　　　　　　　　　　　　　　／17
　　第三节　通过完整大学生活实践确定职业规划　　　　　／20
　　第四节　著名科学家和航天英雄在大学期间明确职业
　　　　　　方向的事例　　　　　　　　　　　　　　　　／22

### 第二章　重视学习复合交叉专业知识和技能　　　　　　／25
　　第一节　在完整大学生活实践中掌握复合交叉的专业
　　　　　　知识结构　　　　　　　　　　　　　　　　　／25
　　第二节　中国现代桥梁之父在大学期间重视复合交叉
　　　　　　知识结构的事例　　　　　　　　　　　　　　／27
　　第三节　在完整大学生活实践中学习和掌握专业动手
　　　　　　技能　　　　　　　　　　　　　　　　　　　／28
　　第四节　大国工匠杨伟重视技能培养的事例　　　　　　／31
　　第五节　大学各专业群部分专业核心知识点和技能示例／32

### 第三章　学会学习、创新及实践的重要性　　　　　　　／55
　　第一节　学会学习　　　　　　　　　　　　　　　　　／55
　　第二节　爱因斯坦在大学期间总结学习方法和创新思维
　　　　　　途径的事例　　　　　　　　　　　　　　　　／59
　　第三节　在完整大学生活实践中积极参与实践　　　　　／60
　　第四节　音乐家和科学家在学习期间实践的事例　　　　／61

## 第四章　通过创新社团和人文艺术体育活动提升团队领导力　/ 64

第一节　在完整大学生活实践中提升自身的团队领导力　/ 64
第二节　著名科学家钱三强在大学期间培养领导力的事例　/ 65
第三节　在完整大学生活实践中培养自身的人文和艺术素养　/ 66
第四节　著名艺术家在大学期间培养人文艺术素养的事例　/ 68
第五节　在完整大学生活实践中打造健康的体魄和心理素质　/ 70

# 教师篇

## 第五章　立德树人凝练办学特色　/ 75

第一节　立德树人、教书育人　/ 75
第二节　按照科技和行业发展及时修订各专业培养方案　/ 79

## 第六章　课程体系修订和示例　/ 81

第一节　新工科领域课程体系修订的重点方向　/ 81
第二节　人文学科课程体系改革措施　/ 83
第三节　部分专业群课程体系修订方向示例　/ 84

## 第七章　教材改革方向　/ 88

第一节　教材改革突出实践性、前沿性、创新性、多样性　/ 88
第二节　教材改革示例　/ 90

## 第八章　大学课堂教学与实践教学改革　/ 93

第一节　大学课堂教学形式与方法改革　/ 93
第二节　实践教学各个环节的改革要点　/ 95

## 第九章　在线教育技术与精品 MOOC 课程建设的重要步骤和特色示例　/ 98

第一节　在线教育技术发展与创新　/ 98
第二节　上海交大"计算机科学导论"课程示例　/ 100
第三节　计算机类专业群 MOOC 课程建设核心点示例　/ 102
第四节　电子信息与电气工程类专业群 MOOC 课程建设核心点示例　/ 105

第五节　机械类专业群 MOOC 课程建设核心点示例　　/ 108
　　第六节　土木工程建筑类专业群 MOOC 课程建设核心点
　　　　　　示例　　/ 111
　　第七节　财经管理类专业群 MOOC 课程建设核心点
　　　　　　示例　　/ 114
　　第八节　教育类专业群 MOOC 课程建设核心点示例　　/ 117

第十章　因材施教，重视个性化学习和自适应学习　　/ 119
　　第一节　在线教育平台实现个性化学习和自适应学习　　/ 119
　　第二节　理工类专业群的个性化学习和自适应学习　　/ 121
　　第三节　财务管理类专业群的个性化学习和自适应
　　　　　　学习　　/ 124
　　第四节　基础课的个性化学习和自适应学习　　/ 126
　　第五节　在线教育的个性化学习和自适应学习
　　　　　　问卷调查示例　　/ 129

第十一章　提升科研研发能力以适应未来教师角色转变　　/ 132
　　第一节　大学教师提升科研和研发能力及培养双师
　　　　　　素质　　/ 132
　　第二节　未来在线教育的教师角色转变　　/ 133

# 管理篇

第十二章　坚持党的领导，树立管理服务育人理念，落实
　　　　　安稳责任　　/ 137
　　第一节　党建是社会主义核心价值观指引下的
　　　　　　大学文化建设的保障　　/ 137
　　第二节　树立管理育人、服务育人理念　　/ 140
　　第三节　确保大学师生安全稳定的措施　　/ 142

第十三章　培育高水平师资队伍，建立教育教学质量保证体系　　/ 144
　　第一节　培育高水平师资队伍的重要性和措施　　/ 144
　　第二节　建立大学教育教学质量保证体系　　/ 145

第十四章　健全学生管理体系，发挥团委和学生会及社团作用　　/ 148
　　第一节　健全学生管理体系　　/ 148

第二节　发挥团委引领作用　/ 151
第三节　建立学生会和社团管理体系,突出特色社团与校队　/ 153
第四节　校园大型活动组织与管理要素　/ 156

## 第十五章　校园信息化建设要素　/ 159

第一节　校园网络建设与学生信息管理系统　/ 159
第二节　教务管理系统与教学平台建设　/ 161
第三节　实验室和图书馆及科研信息管理系统　/ 163
第四节　人事财务资产管理系统　/ 166
第五节　后勤和建设及办公管理系统　/ 170
第六节　评估和评建数据统计系统与在线教育平台发展　/ 173

## 第十六章　招生就业与宣传　/ 177

第一节　招生宣传与就业指导　/ 177
第二节　大学宣传工作的具体内容和要点　/ 179

## 第十七章　提升后勤服务质量　/ 181

第一节　提升大学后勤服务质量的措施　/ 181
第二节　发挥工会作用,不断提升教师工作生活条件　/ 183

## 第十八章　规划智慧校园,树立口碑工程,培育标志性成果　/ 186

第一节　大学校园规划与建设应关注的要素　/ 186
第二节　打造口碑工程和倡导精细化管理理念　/ 188
第三节　标志化成果培育　/ 190

# 引言　大学是塑造人生竞争力的关键时刻

许多人都读过《我的大学》这本书,它是高尔基自传体小说三部曲中的最后一部。作品讲述了阿廖沙16岁那年,背井离乡,前往喀山大学求学。在梦想破碎后,他不得不为生计奔波,住在"大杂院",卖苦力,与流浪汉为伍,与形形色色的市民和知识分子打交道,仿佛进入了一所天地无垠的社会大学。在这所大学里,他经历了精神成长的曲折过程,通过了各种生活考验,对人生的意义和世界的复杂性进行了初步探索。

我们这个时代的青年是幸运的,大多数人有机会拥有属于自己的大学。然而,有多少青年能真正意识到大学的珍贵呢?大学是建立人生价值观的关键时期,是影响人生规划和发展的至关重要的阶级,是奠定人生竞争力的最佳时机。这是掌握创新思维和智慧思考方法的黄金时期,学习数字化和人工智能科技知识以及人机共生技能的关键时刻,这是提高人文艺术修养和磨炼高品质人生的时机,洞察科技进步和社会经济发展趋势的时刻,积累创新创业领导力的阶段。这些知识和技能将助力大学生从象牙塔般的大学向终身学习的社会大学迈进的实践时刻。

拥有有意义的人生是每位大学生首要思考的问题,因为人生态度决定职业目标。让我们回顾并反思一下中外一些"大学"的理念。

# 科技发展对教育的影响

## 1. 中国的科技进步和大学使命

中国是世界早期文明的发源地之一,也是最早使用火、发明弓箭和陶器、开展农牧业、观测天文、创立医药的地区之一。在漫长的历史中,春秋战国时期出现了炼钢技术和铸铁柔化技术。秦汉时期的《九章算术》,造纸术、司南、地动仪、医药巨典《本草纲目》,地理著作《徐霞客游记》,海图以及罗盘的运用,《易经》已经用来解释测量时空可变,《道德经》已经开始探讨物质世界,《黄帝内经》成为人类医学的顶尖科技典籍,北宋沈括的科技著作《梦溪笔谈》,明朝宋应星的工艺百科全书《天工开物》……一个个文明成就宛如璀璨星辰,为世界文明的发展作出了巨大贡献。

然而,自近代开始,中国逐渐被西方国家超越。文艺复兴后,近代科学迅速发展,结合18世纪中叶以后的工业革命,确立了科学技术在整个社会中的重要地位。

改革开放以来,我国建立了具有社会主义特色的市场经济,大力发展科学技术,创造了大国崛起的经济奇迹。目前,我们正走在迎头赶上世界科技先进水平的道路上,亟需科技创新的领军人物。在向高科技企业转型的过程中,更需要众多高素质技术劳动者——大国工匠。这就是大学师生共同奋斗的责任!借鉴世界科技创新的知识和方法,继承我国传统文化的精华,反思不符合科技和社会发展的错误理念和思潮,推进知识创新、理论创新、方法创新,促进民族复兴进程。这就是大学师生共同奋斗的使命!

## 2. 现代科技的迅速发展对未来人才素质的要求

人工智能技术的飞速进步,不仅其与经济将产生双重奇点,而且可能对现有的工作模式、就业和职业生涯产生全面而深远的影响。世界未来研究所提出推动未来社会巨变的6个推手:极端的长寿,智能机器和系统的兴起,计算世界,新媒介生态,人类活动方式会根本性的改变,全球互联的世界。强人工智能产生指数

引言 大学是塑造人生竞争力的关键时刻

级发展的经济奇点和技术奇点,科技的发展是符合幂律分布的,其发展前期缓慢,但是之后会指数级地爆炸增长,导致存储能力、计算能力、芯片规模、带宽规模暴涨。

2023年3月,ChatGPT4在三个月的自迭代学习中进步神速,已经能够初步开始处理图像信息,包括表格、考试题目截图、论文截图、漫画等。在"美国高考"SAT数学部分和证据性阅读与写作部分的考试的测试中,GPT4的得分高于88%的应试者。当然,目前的人工智能系统尚无法达到人类的智力水平,尤其在情感理解、创造力和道德判断等方面还有很大的差距。

未来社会进一步互联和数字化,进而推动大数据、云计算和人工智能发展。强人工智能出现以后,人们的行为会发生什么改变?企业的商业模式会产生哪些变化?未来的社会变成什么样子?我们的生活会向哪些方向演化?应该怎么样学习?世界未来研究所预测了未来社会需要的10种技能:一是意义构建,二是社交智能,三是新颖和适应性思维,四是跨文化能力,五是计算思维,六是新媒体素养,七是跨学科能力,八是设计思想,九是认知负荷,十是虚拟协作。

面对未来所需的这些技能,我们的大学和教育能帮学生培养这些技能吗?如果我们现在的教育没有培养学生这些能力,怎样让他们在未来的世界里去生存?

一本学术著作中提到了未来生存9大原则:第一个是涌现优于权威,也就是未来在大数据、互联网、云计算、深度计算的情况下,很多东西不是设计出来的,而是涌现出来的;第二个是动力优于推力,要有发自内心的动力;第三个是指南针优于地图,即生存意义和人生的方向更重要;第四个原则是风险优于安全;第五个原则是求真优于服从;第六个是实践优于理论;第七个是多样性优于能力;第八是韧性优于力量;第九个是系统优于个体。

这些生存原则提醒我们,未来世界会有颠覆性改变,我们的生活方式、能力结构、生存规则均需改变。我们的学习方式也需改变,必须思考如何通过教育改变自己,立足未来。

人工智能和机器人会在替代和强化部分行业的同时,孕育很多新的行业。根据研究,在未来我国710万工作岗位将消失,700种职业、47%的工作可能被人工智能和机器人取代,而同时也将出现许多新职业。靠记忆知识和简单理解为主的工作将全面被人工智能所取代,教育的目标必须由知识记忆为主转向能力培养为主,更加注重培养人的批判性思维能力、创造能力、创新精神和创业精神,更加注重培养人机共生的能力。

人工智能和机器人将改变社会,知识获取便捷,职业可能日益碎片化,生活需求会越来越丰富多彩,呈现日益多样化和高端化。未来社会可能会被机器人、物联网等催生很多新业态,例如精准化服务、新型供应链、健康和养老、艺术文体、新教育等。在这种情况下,知识融合、创新创造、综合能力、变革管理、跨文化领导力等日益重要。从教育的角度来看,任何人适应未来任何行业和岗位,高尚的品格和素养是根本的和不可或缺的,因此通识教育、素养教育、艺术教育会变得越来越重要。

未来人群里会有10%左右的专业精英,30%左右的行业精英,那么其他60%的人怎么办?这些人接受什么样的教育才能在这种环境下生存和生活?因此要更加重视为未来培养复合型的行业精英和创业家,他们需要素养、专业技能、行业知识、领导和管理才能,把通识教育、专业教育、行业教育和管理教育融合起来;把大学生普遍缺乏的企业家精神、领导能力、沟通能力、创造力融合培养;把学习、实习、在岗训练、创业和未来发展融合起来;最后形成学习、科研、实训、创新创业、产业研发等高度融合的一种新型教育模式。教育的目的更应该是培养学生在未来世界中生存的综合能力。技能总会过时,但综合能力却能让学生更好地适应环境的变化。

随着全球经济的快速发展和科技的飞速进步,社会对技能型人才的需求趋势也在不断变化。企业对掌握数字技能的人才的需求越来越高,例如要求具备数据分析、人工智能、机器学习等领域的技能;对人工智能技能人才的需求增加,要求能够开发和维护人工智能系统,并提供智能解决方案;对跨界技能人才的需求增加,要求具备多领域、多技能的跨界型人才;尽管技术的进步已经带来了很多机器自动化,但人类的技能仍然是不可或缺的,例如仍然要求具备沟通、领导力、团队协作等人际交往和管理能力;对持续学习能力的需求增强,要求具备持续学习和适应新技能的能力,以保持竞争优势。

## 教育价值观与理念的思考

### 1. 人生态度决定职业目标

孔子,这位从困苦的少年成长为中华民族世代景仰的圣人,用一生的不懈追求实践了他所开辟的六经教育,培养个体和谐的人格。他的大学之道与六经教育密切相关。"十有五而志于学",首先学习《诗》;"三十而立",立足于《礼》;"四十而不惑",源于深入领悟《书》;"五十而知天命",得益于深刻理解《易》;"六十而耳顺",归功于领会《乐》;"七十而从心所欲不逾矩",得益于《春秋》的创作。孔子所倡导的好学精神,如"学而时习之,不亦说乎""好学不厌,诲人不倦""发愤忘食,乐以忘忧,不知老之将至",对于大学生建立良好的学习态度具有重要意义。然而,我们不能将这些儒家思想仅仅局限在人伦日常生活中,而应将其运用于科学技术的追求。

此外,孔子和孟子对个人修养的要求,如"三军可夺帅,匹夫不可夺志""虽千万人,吾往矣""威武不能屈,贫贱不能移,富贵不能淫""吾善养吾浩然之气""己所不欲,勿施于人"等为人准则,对于培养科技社会杰出人才具有深远影响。

大学生应将儒家思想与科学技术追求相结合,以孔子的好学精神为指导,培养自己的学术素养和技能。在个人修养方面,秉持孔孟的道德要求,努力成为品德高尚、具有创新精神和实践能力的人才。这样的人才,将更好地服务于社会,为国家和民族的发展做出重要贡献。

在当今社会,很多家庭仍将读大学视为封建科举,认为读书的目的是做官发财。这种观念认为,只有做官才能造福一方,发财才能体现个人价值。然而,在科技迅猛发展的多元社会中,评价一个人对社会所做贡献和价值的标准已经发生了变化。

衡量一个人对社会的实际做出的贡献和价值已经有了基本的共识:是否有益于社会的进步和发展,是否有利于推动社会文明的发展和进步;是否为社会创造了精神财富和物质财富,为社会提供了有益的帮助和支持;是否通过自己的努力和奋斗,取得了社会的认可和赞誉,赢得了社会的尊重;是否具备高尚的品德和情操,具有良好的道德和行为规范,对社会的和谐稳定和发展起到积极的促进作用;是否在自己的工作岗位上尽职尽责、兢兢业业,做出了突出的成绩和贡献,得到了同事和上级的认可和赞扬;是否具备创新意识和创新能力,能够提出有价值的建议和想法,为社会的发展和进步做出了积极的贡献。

人生态度决定职业目标,有了正确和明确的人生态度,才能确定出明确的职业目标。人生态度是指个人对生命的态度、价值观、信念、行为方式等因素的综合体现。职业目标则是指个人在职业生涯中所追求的目标和方向。

首先,一个人的人生态度会影响他对职业的选择。比如说,一个具有积极向上、乐观向善的人生态度的人更有可能选择那些能够让他发挥个人优势和潜力、并且对社会有益的职业;而一个消极、抱怨的人则更可能选择那些不需要太多精力和动脑筋、收入稳定但不一定有意义的职业。

其次,一个人的人生态度会影响他对职业目标的坚持和追求。一个有着强烈自我意识、自信心和奋斗精神的人,不仅更容易设定高远的职业目标,而且也更有能力在遭遇困难和挫折时坚持不懈地追求自己的目标;相反,一个缺乏自信心、犹豫不决、容易沉溺于安逸的人,则很难在职业生涯中实现自己的理想。

最后,一个人的人生态度会影响他对职业成就的认知和评价。一个乐观、自信、积极向上的人,更容易认识到自己的职业成就来自自己的努力和才能,并且更有可能在职业生涯中不断追求更高的成就;而一个消极、自卑、悲观的人,则往往会过度强调外部因素对自己职业发展的影响,难以享受职业成就带来的快乐和满足感。

因此,人生态度对职业目标的选择、坚持和实现都有着至关重要的影响。我们在职业规划时应该认真思考自己的人生态度,及时调整和纠正不良的态度和行为习惯,以便更好地实现自己的职业目标。

## 2. 大学是学习和创新的生态系统

大学应该是一个学习和创新生态系统,各种资源在这里聚合、碰撞、合作,最后产生人才、知识、技术、新思想。大学存在的意义就是通过教育影响几代人、通过研究提升人类生存能力、通过新的生活方式和先进文化影响社会的进步和文明。

不论是东方还是西方,人们对教育与技术关系的探索,都是对人与知识关系的探索,其本质是对人与人之间关系的探索。传统的自上而下的、给予式的、命令式的、控制与被控制式的关系,在技术进步的今天,展现出开放、赋权、参与、合作以及自由之类的涵义。这是一种人际关系的"权力转移",顺应了人对自由、平等、公正的追求。技术是人类智慧的结晶,教育是人类智慧的投放。技术与教育的新型关系,不是将传统的课堂搬上网络,而是技术解放了人类原有的天性,使人类的智慧之花得以更加绚烂地绽放。

为了培养有理想、有信念、有责任感的"大国工匠",大学更要不断进行理念的反思和实践。

我以为大学者,大师、大楼、大志也。梅贻琦先生当年曾说:"大学者,非谓有大楼之谓也,有大师之谓也。"何谓大师?清华大学 90 周年校庆提出:"第一流人格,第一流学术,第一流思维,第一流胆识,第一流文采。"一所大学不仅要推崇大师、吸引大师,还要让自己成为培育大师的土壤。梅贻琦先生当年关于大师和大楼的论述,未必就不重视大楼。要培养现代化建设所需要的学生,要出高水平的研究成果,就必须拥有现代化的办学条件和设施。

大志就是大学要符合现代教育发展的趋势。大学生是主动学习的主角,大学既要引导大学生树立明确的理想信念和志向,更要因材施教,一切围绕学生制定特色鲜明的培养方案、职业规划、专业课程体系、实践环节等。大学要想制定出符合时代发展和科技进步的人才培养方案,就必须了解当今科技重大进展及其对大学教育的影响,尤其是对未来社会和企业岗位的影响。

## 3. 从知识灌输到融合式学习

有一幅漫画显示人类最后成了机器人时代的乞讨者。其实人工智能不仅将替代人的智能,还将改变人的思维方式。如果机器能够思维,我们则需要培养学生如下能力:自主学习的能力、提出问题的能力、人际交往的能力、创新思维的能力、谋划未来的能力。重视学生的独立精神和主动性,看重学生的素养、能力和知识体系的形成,帮助学生思考人生意义、学会学习。显然,大学不只是学知识,更是构筑梦想、铸就追梦翅膀的关键阶段。

过去教学基本上是把灌输知识类比为浇灌树苗,让学生尽可能多地吸收知识。现在知识爆炸,相当于暴雨成灾,如果不加以疏导,学生很容易变成表面虚胖甚至水泡烂根,似乎什么都懂但什么也不真懂。因此,教学不再是简单地教知识,要引导学生提出问题、搜寻知识、整合知识、解决问题,并在此过程中提升沟通、合作、表达和执行等能力。

麻省理工学院做过一个有趣的实验,用传感器来观察学生大脑的活动状态。实验结果很遗憾地发现,在大学里依然流行的传统课堂上,学生的脑电波很平静,基本上不动脑;动脑只发生在做实验、做作业、自学、考试甚至做梦的时候。

因此,传统的知识灌输式教学的价值在衰减,教育必须重塑教学过程,需要各种教育手段融合的学习模式。融合式学习不单是面对面式的学习和在线学习的简单融合,而是融合多种教学设备、多种教学方法、多种学习策略与评价方法、同步学习与异步学习、多种课程和学习资源等;学习计划制定、学习方法设计、学习效果评价和学习记录跟踪等相互融合;学生的培养更加个性化,因材施教;通过大数据,分析学生的学习倾向、学习动机、学习风格和学习爱好等,实现个性化的推送学习资源,精准化地辅助学生,自助化完成学习目标等。融合式学习必须改变传统课堂教学以教师为中心的状况,学生真正成为学习的主角。

以互联网、云计算、大数据、物联网、人工智能等为代表的信息技术在教育领域中的应用越来越广泛。MOOC、融合式学习、翻转课堂等已经得到了广泛应用,智能教学系统(ITS)、智能决策支持系统(IDSS)、智能计算机辅助教学(CAI)系统也迅速发展,物联网已经在课堂教学、课外学习和教育管理三个方面给教育提供了相应的支持。随着数字化和智能技术的发展,教师和学生都需要不断改变和适应,利用数字技术提高教与学的质量和效率,进一步提升学生的数字技能,全面培养数字化人才,例如数据分析、编程、人工智能等技术。通过开设创新创业课程、支持学生创业等方式,培养创新精神和创业能力。加强产学研合作,共同推进科技创新和技术转化,培养具有市场竞争力的人才。

# 完整大学生活实践

## 1. 培养具备创新思维和综合素质的未来人才

通过完整大学生活实践培养学生的交叉的专业知识和复合的集成技能及创新思维能力,同时通过创新创业和丰富多彩的体育、艺术、文化等活动,培养他们的团队合作精神和领导能力。

首先,要培养交叉的专业知识和复合的技能。在掌握扎实的专业基础知识的同时,还要了解知识应用的领域和方法,掌握交叉、复合集成应用的方法。培养跨学科思维,尝试将不同学科的概念和理论联系起来,发展跨学科的思考能力。交叉知识是创新思维形成的基础。

其次,要培养人文艺术等素质,如语言表达能力、文字写作能力、艺术鉴赏力、社交能力、组织协调能力、创新能力等。人文艺术等素质是一个人的个性和特点,它可以反映出一个人的兴趣、价值观和人格特质,这些特质是核心竞争力的重要组成部分。一个人的人文艺术等素质越突出,他就越有可能成功地实现自己的职业目标,并在职业生涯中获得更多的机会和成功。一个人只有拥有了全面发展的综合素质,才能够更好地适应现代化建设和未来社会的需要,更加广泛、深入、持久地参与交往和合作。健康的心理素质也是非常重要的,这主要表现为情绪稳定、性格开朗、意志坚强、勇于克服困难等。有了以上综合素质,才能真正具备较强的核心竞争力。

最后要引导大学生在大学里努力提高就业竞争力。例如,实习可以让学生更好地了解所学专业的实际运作情况,提高实际操作能力,积累实践经验,了解行业发展趋势和市场需求;利用大学提供的多种机会参与外语学习活动,提升外语能力;积极参与校内活动,不仅可以丰富学生的课余生活,还可以提高学生的综合素质和领导能力,增加学生的社交经验;大学里有技能培训和课程,可以帮助学生获得更多的知识和技能,提高自己的专业素养和职业能力,如参加编程、营销、数据分析等培训和课程;通过建立个人网站、发布文章等方式,展示自己的专业素养和个人特点,提高自己的知名度和影响力,增强竞争力。

如果立志创业,就需要在大学期间储备更多相关知识技能素质,例如,行业背景和专业知识,商业计划和财务管理,创新能力和市场营销,团队协作和领导能力,抗风险和应变能力,人际交往和沟通能力。

## 2. 创新思维是核心竞争力

教育是塑造灵魂的工程,知识并不等于智慧。知识关乎事物,智慧关乎人生;知识是理念的外化,智慧是人生的反观;知识只能看到一块石头就是一块石头,一粒沙子就是一粒沙子,智慧却能在一块石头里看到风景,在一粒沙子里发现灵魂。智力更不等同于智慧,要多思考如何在大学修炼自己的智慧。

在大学里提高创新思维能力需要积极地寻找机会和方法。大学里经常会有各种创新比赛或项目,大学生可以选择感兴趣的比赛或项目,通过参加比赛或项目来锻炼创新思维和实践能力;创新思维需要跨学科的知识支撑,大学里有丰富的学科资源和知识库,可以尝试跨学科学习,拓宽思维视野;积极探索实践机会,创新思维需要实践支撑,例如实验室、实习、志愿者等,通过实践来激发创新思维;多阅读和思考,阅读和思考是提高创新思维的基本途径,可以阅读相关的书籍、期刊、报纸等,关注前沿科技、行业动态等,通过思考来挖掘创新点。

要引导大学生通过学习知识、技能和思维方法,提高自己的认知水平和思考能力。通过参加各种活动、社团和组织来获得宝贵的经验,提高沟通和领导能力;通过阅读各种书籍、报纸、文章和杂志,了解最新的思想和观点,拓宽自己的视野;

通过实践和反思自己的经历和行为,发现自己的不足之处和局限性,同时也可以从他人的实践经验和思考中获得启示和灵感,增强自己的智慧。

借鉴优秀的学习方法,及时总结各门功课的适合自己的学习方法。例如,建立学习计划和目标,列出每天的任务和目标,并将其分解逐步完成。提高学习效率,避免拖延和混乱;注意抓住课程的重点和难点,理解重要概念和思想,并学会运用它们解决问题。通过和同学交流、请教老师等方式来深入理解和掌握知识点;阅读教材,多角度、多层次地理解内容,运用课本、参考书、网络资源,查阅相关文献、阅读相关案例、观看相关视频等;在课堂上要积极参与互动,与教师和同学交流讨论,提出问题和疑惑,以便更好地理解和掌握知识点;合理安排时间和休息,坚持运动、多参加课外活动等来提高学习效率和身体素质。

大学生要将为社会做出的实际贡献作为衡量个人价值的唯一标准。人生态度决定职业目标,扎实的知识、技术、素质才是核心竞争力,尤其是适应数字化与智能技术发展的知识结构,以及创新思维与智慧学习和终生自我提升的方法。必须在异常勤奋的基础上,保持清醒辩证的头脑,学方法、学思维、学创新、学会学习、学会做人、学会合作、学会人机共生,找到适应社会和自身发展的最佳路径,只有这样才能实现真正的扬长避短,大幅度提高竞争的能力。

笔者曾为创办的大学凝练校训,其校训曰:"勤学于恒,博学于融,思学于新,仁学于信"。此言之意,实为勤学之道也。学问之路,岂能一蹴而就,必须恒心之持久,不断努力,才能使学业日臻完美;博学则需在渊博的基础上,融会贯通,将各学科知识相互交融,方能开阔眼界,增强学术素养;思学于新,寓意着不断创新之意,不断思考、探索、创新,不断推陈出新,方能迈向更高更远的境界;至于仁学于信,则是以仁义品质与合作精神为核心,以诚信与信念为基石,相互协作、互相扶持,方能成就大业。吾等学院,以此为校训,立志于学问之道,追求博学之境,倡导创新精神,弘扬仁义品质和与合作精神,期以此为根本,引领学子,扶持学术,共铸前程。

## 大学教育管理体系与创新

通过本书的学生篇、教师篇和管理篇的交织,我们构建了一个完整的大学教育管理体系,旨在引导大学生理解并实践完整大学的重要性,以及教师在教育教学改革中的角色和责任。同时,我们也呼吁大学管理者们落实教育理念,为师生提供高质量和完整大学生活实践,共同实现教育的理想。

在现代社会中,大学教育的目标不仅仅是传授知识,更是培养学生的综合素养、创新能力和社会责任感。要引导学生通过完整大学生活实践,树立远大志向,践行核心价值观,明确自己的职业规划,并通过学习复合交叉的专业知识和技能,培养学习和创新思维,实践实习和社会服务,提升团队领导力,发展人文艺术体育活动,打造健康的体魄和心理素质。这些方面的努力将使他们更好地适应和应对现代社会的挑战,成为具备复合知识与创新能力和社会责任感的人才。

同时,教师作为大学教育的重要组成部分,也扮演着至关重要的角色。教师应通过学习与研究不断提升自己的教育教学能力,探索创新的教学方法和策略,激发学生的学习兴趣和创造力,引导他们成为自主学习者。教师还应积极参与教育教学质量保证体系的建设,为学校的发展和提升贡献力量。

最后,大学的管理者们承担着重要的责任,他们应牢记教育的使命,落实教育理念,建立健全的教育管理体系,为师生提供高质量的教育资源和完整大学生活实践。他们需要重视学生的全面发展,推动教师的专业发展,关注学校的安全稳定,提升后勤服务质量,规划智慧校园,培育标志性成果,以及积极开展招生就业和宣传工作。只有通过共同努力,我们才能实现共同的教育理想,培养出适应时代需求的优秀人才。

愿本书能够为大学教师和管理者们提供有益的指导和启发,引领大学教育管理的创新与发展,为建设更加美好的教育未来贡献力量!

学生篇

大学是人生中宝贵的阶段,不仅为个人的成长和发展提供了广阔的舞台,也为塑造未来社会栋梁奠定了基础。作为大学生,如何充实、丰富、充满意义地度过这段时光,迎接人生的挑战,实现个人价值,是每位学生都面临的重要课题。

本书《完整大学生活实践与教育管理创新:学生篇》旨在引导学生们探索学习、发展与成长的全新路径,为他们提供全面而综合的学生指南。通过对远大志向、复合交叉专业知识和技能、学习和创新思维、人文艺术体育活动、团队领导力以及健康的体魄和心理素质等方面的探讨,我们希望激发学生的学习热情、培养学生的多元化素养,助力他们成为具备创造力、领导力和健康素质的优秀人才。

在本书的学生篇中,我们将从不同角度、多个层面来探讨如何树立远大志向、明确职业规划,以及通过学习复合交叉专业知识和技能来提升个人竞争力。我们还将深入探讨学会学习和培养创新思维的重要性,并通过著名科学家和发明家的启示,引导学生发展自己的学术兴趣和独立思考能力。

此外,我们将强调通过参与创新社团和人文艺术体育活动来提升团队领导力和培养人文艺术素养的重要性,并以著名艺术家和科学家为学生们树立榜样。同时,我们也关注学生的身心健康,探讨在大学期间如何打造健康的体魄和心理素质,以应对挑战和压力,保持积极的生活态度。

本书的学生篇旨在为大学生们提供全面而实用的指导,帮助他们规划学习、发展与成长的路径,塑造综合素质和个人魅力。我们相信,通过努力学习、积极实践和全面发展,每一位学生都能充分展现自己的潜力,迈向辉煌的未来。

让我们共同探索完整大学生活实践的精彩,共同创造教育管理创新,共同书写人生的辉煌篇章!

祝愿每一位学生都能在《完整大学生活实践与教育管理创新》的引领下,度过充实而精彩的大学岁月,迈向美好的未来!

# 第一章 树立远大志向,践行核心价值观,明确职业规划

## 第一节 志存高远,明确职业规划

**1. 树立远大志向,践行社会主义核心价值观**

大学生作为社会主义事业的接班人,应当树立远大志向,践行社会主义核心价值观。

树立远大志向的重要性:大学生是未来社会的中坚力量,应当树立远大志向,具有远见卓识和长远的发展眼光。远大志向能够激励大学生在学习、工作和社会实践中保持积极向上的精神状态,追求卓越,为实现国家富强、民族振兴、人民幸福的目标而努力。

社会主义核心价值观的意义:社会主义核心价值观是中国特色社会主义事业的价值取向,具有鲜明的时代特征和中国特色。它包括富强、民主、文明、和谐、自由、平等、公正、法治、爱国、敬业、诚信、友善等价值观念,是社会进步和社会稳定的重要基石。

理论联系实际：大学生要通过学习社会主义核心价值观的理论知识，深刻理解其内涵和意义，并将其与实际生活相结合。大学生要通过参加各类实践活动，如志愿服务、社会实践、创新创业等，将社会主义核心价值观转化为自己的行为准则和生活方式。

做时代的先锋：大学生应当以社会主义核心价值观为指引，坚定正确的世界观、人生观和价值观。在学习、工作、交往中，大学生要勇于担当，积极投身到国家和社会的建设中去，为社会主义事业贡献自己的力量。

传承和弘扬优秀传统文化：作为中华优秀传统文化的接受者和传承者，大学生要积极学习、传承和弘扬中华优秀传统文化，并将之与社会主义核心价值观相互融合，形成对中华文化的独特理解和发展。

社会责任与奉献精神：大学生要具备社会责任感和奉献精神，关注社会问题，积极参与公益事业，帮助他人，关爱弱势群体，推动社会的公平正义和和谐发展。大学生应当以社会主义核心价值观为准绳，践行道德规范，自觉履行社会责任，为社会的进步和发展贡献自己的力量。

以身作则，引领风尚：作为社会主义核心价值观的践行者，大学生要自觉做到言行一致，以良好的道德品质和高尚的行为规范示范他人。通过自己的言行和行为激励他人，引领良好的社会风尚，树立积极向上、向善向美的大学生形象。

全面发展，终身学习：大学生要在践行社会主义核心价值观的同时，注重个人全面发展。积极培养自身的专业素养、专业技能和创新能力，不断提升自己的综合素质，为未来成为社会主义事业的建设者和接班人打下坚实的基础。

大学生要树立远大志向，践行社会主义核心价值观，意味着他们要在实现个人价值的同时，承担起为国家和社会发展做出贡献的责任和义务。通过树立远大志向，大学生可以成为社会主义事业的中坚力量，推动社会进步和发展，为实现中国梦的伟大目标而努力奋斗。

## 2. 将远大志向与大学生活相结合

明确目标：首先，要明确自己的远大志向，思考自己在未来想要达到的目标。将这些目标分解为短期、中期和长期计划，以便在大学阶段逐步实现。

专业发展：根据自己的志向和目标，制定合适的专业计划，努力提升专业知识和技能。例如，可以选择相关课程、进行课题研究、撰写论文等，以提高自己在所关注领域的竞争力。

个人成长:在大学生活中,要关注个人品格、能力、兴趣等多方面的成长。积极参与各类活动,如志愿者服务、实习、兼职等,以培养责任感、团队合作意识和领导力。

拓展人际关系:结识来自不同背景和领域的同学和老师,与他们建立良好的人际关系。通过与他人交流和合作,拓展自己的视野,为实现远大志向积累人脉资源。

时间管理:学会合理安排时间,平衡专业、个人成长、社交等方面的需求。制定合理的时间表,确保在实现远大志向的过程中,各方面的发展都得到充分关注。

身心健康:保持良好的作息习惯,注重身心健康。参加体育锻炼,增强体能;学会调节情绪,保持积极心态。一个健康的身心是实现远大志向的基石。

职业规划:根据自己的远大志向,进行深入的职业规划,为实现目标做好准备。利用实习、兼职等机会,了解行业现状,积累实践经验,提高自己的职业素养。

将远大志向与大学生活相结合,需要在多个方面进行努力。在这个过程中,关键是明确目标、持续学习、积极参与、拓展人脉、合理安排时间以及关注身心健康。只有这样,才能在大学阶段为实现远大志向奠定坚实的基础。

## 第二节 著名的科学家在大学期间开始树立远大志向的事例

不少著名的科学家在大学期间就将远大志向与完整大学生活相结合,为后面事业的成功奠定了坚实的基础。

### 1. 中国"两弹一星"元勋:邓稼先

邓稼先(1924—1986)是中国核物理学家,1999年被追授"两弹一星"功勋奖章。在他的大学时代,他就树立了远大目标,并通过持续的努力最终取得了成功。

邓稼先1941年考入西南联合大学,专攻物理和数学。他表现出极强的求知欲和勤奋精神,为日后的成功打下了基础。他充分利用图书馆资源通宵达旦地学习,不仅掌握了物理学的基本知识,还涉猎了其他学科如化学和生物学。邓稼先积极参加专业竞赛,展示了出色的专业能力,并在数学建模竞赛等方面获得奖项,这些经历对他后来的研究成果产生了积极的影响。

1948年,邓稼先获得庚子赔款留学基金会的奖学金,前往美国留学。在美国,他就读于普渡大学,专攻高等物理和核物理。在留学期间,邓稼先发表了多篇专业论文,在核物理领域取得了突破性的研究成果,为他日后在中国核武器研发中发挥关键作用奠定了基础。

1950年,邓稼先回国参加中国的国防科研工作。他被任命为中国科学院燃烧研究所所长,并开始领导中国自主研发火箭技术和导弹技术。他在这一领域的突出贡献包括成功发射了中国第一颗导弹"59-1"型导弹,以及中国第一颗人造卫星——东方红一号卫星。

邓稼先在中国航天事业中最重要的成就之一是对两弹一星工程的贡献。这一工程指的是中国自主设计、制造和试验成功的核弹、导弹和卫星。作为总设计师和总指挥,邓稼先领导了中国的核武器和导弹研发工作,成功实现了中国的核试验、导弹试射和卫星发射。

邓稼先凭借其卓越的科学贡献和领导才能获得了许多国内外的奖项和荣誉。他获得过两次国家最高科学技术奖,分别是1999年的国家自然科学奖和2001年的国家科学技术进步奖。此外,他还荣获了多个国际科学院的院士称号,以及国家航天局颁发的一级航天功勋奖章。邓稼先以其卓越的科学成就、远大目标和无私奉献精神成为中国航天事业的旗帜。他的贡献对于中国航天事业的发展和国家安全具有深远影响。

## 2. 国家杰出贡献科学家:钱学森

钱学森(1911—2009),杰出科学家,中国共产党的优秀党员,忠诚的共产主义战士。他被广泛认可为享誉海内外的国家杰出贡献科学家和中国航天事业的奠基人。1991年10月,钱学森获得了国务院和中央军委授予的"国家杰出贡献科学家"荣誉称号,并获得中央军委授予的一级英雄模范奖章。1999年9月,他还获得了党中央、国务院和中央军委授予的"两弹一星"功勋奖章。

钱学森在大学期间就树立了远大志向,并在整个大学生涯中坚持努力学习,最终走向成功。他于1929年至1934年就读于国立交通大学机械工程系,展现了强烈的求知欲和勤奋精神,为日后的成功打下了基础。钱学森在大学期间勤奋好学,阅读了大量书籍,不仅掌握了数学和物理学的基本知识,还涉猎了其他学科如化学和力学。这种勤奋好学为他在科研领域取得突破性成果打下了基础。

1939年,钱学森获得了美国加州理工学院的航空和数学博士学位,深入学习了空气动力学、火箭技术和控制理论等领域的知识。在美国留学期间,他发表了多篇专业论文,并在喷气推进领域的研究中取得了重要突破,为火箭和导弹技术的发展奠定了基础。

1949年,中华人民共和国成立后,钱学森决定回国,为中国的科学事业做贡献。他领导的团队成功地研制出了中国第一型地对地导弹,即"东风"导弹系列。这些导弹的成功研发和试射为中国在军事技术领域取得了重要突破,并为中国的导弹武器装备提供了坚实基础。他积极倡导和推动了中国自主研发和发射卫星的计划,并牵头组织实施了中国第一颗人造卫星的发射任务。1970年,中国发射了"东方红一号"卫星,成为继苏联和美国之后第三个发射人造卫星的国家。

钱学森以其杰出的科学成就、远大志向和对航天事业的热情被誉为中国航天事业的奠基人。他对中国导弹和航天技术的发展作出了巨大贡献,为中国在航天领域取得重要突破奠定了坚实基础。

### 3. 科技报国的楷模:黄大年

黄大年是著名地球物理学家、无私的爱国者、吉林大学地球探测科学与技术学院教授、国土资源部"深部探测金边仪器装备研制与实施项目"负责人、国家863计划"高精度航空重力测量技术项目"首席科学家。

黄大年教授负责协调和组织管理我国跨部门、跨学科优势技术资源和团队。在黄大年团队的努力下,我国在超高精密机械和电子技术、纳米和微电机技术、高温和低温超导原理技术、冷原子干涉原理技术、光纤技术和惯性技术等领域取得了显著的进步并形成了技术能力,首次推动我国快速移动平台探测技术装备研发,攻关技术瓶颈,突破国外技术封锁,是新时代海归科技报国的楷模!

他不求名利,甘于奉献,常年不休,带病工作,把生命最绚丽的部分献给他钟情的教育科研事业。黄大年同志用毕生努力实现了爱国之情、强国之志、报国之行的统一,是新时期高校教育工作者的杰出代表。2017年,他被教育部追授为"全国优秀教师"荣誉称号。

1982年1月15日,黄大年在给大学同学的毕业赠言中写道:"振兴中华,乃我辈之责"。

黄大年在世时,常与同事谈起邓稼先等老一辈科学家。他曾在朋友圈里提出

"黄大年之问"——"看到他,你会知道怎样才能一生无悔,什么才能称之为中国脊梁。当你面临同样选择时,你是否会像他那样,义无反顾?"

## 第三节 通过完整大学生活实践确定职业规划

在大学生活中确定职业规划是一个不断探索、调整和明确自我的过程。

### 1. 在大学期间通过专业知识和技能学习初步找到适合的职业方向

了解你的专业:你需要了解你的专业。研究你专业的课程大纲,了解这些课程都是关于什么,它们可能带来哪些技能和知识。通常大学的课程描述会提供这些信息。

评估你的兴趣和技能:思考哪些课程你特别感兴趣,或者你在哪些课程中表现出色。这可能暗示你对某些领域有独特的技能或兴趣。比如,如果你在数学统计课上表现出色,你可能适合数据分析或研究的工作。

了解专业与职业的关联:探索你的专业如何与各种职业相关联。例如,教育管理专业的学生学习过心理学,可能在教育事业单位或在人力资源、咨询、市场研究等领域也能找到职业机会。工商管理专业的学生可能在金融、市场营销、运营管理等领域有良好的前景。

探索职业技能需求:研究你感兴趣的职业需要哪些技能。例如,如果你对成为软件工程师感兴趣,你可能需要掌握编程语言、算法、数据结构等。你可以通过在线职业资料、职业指导服务或信息面谈来了解这些信息。

补充相关课程和技能:根据你的职业兴趣,可能需要补充一些专业以外的课程或技能。例如,如果你是计算机科学专业,但对企业管理感兴趣,你可能需要修一些管理和财务的课程。

寻求指导和建议:寻求教授、学长学姐、辅导员、教师的建议,他们可能会提供不同的观点和资源。此外,一些大学提供就业咨询服务,这可能会帮助你确定职业方向。

通过这些步骤,你可以通过专业知识和技能学习,初步了解适合自己的职业方向。这是一个持续的过程,你可能需要在整个大学生涯中不断地探索和调整。

## 2. 在大学期间初步了解职业市场逐步明确职业规划的方法

在大学期间,初步了解职业市场和明确职业规划是一个关键的过程。这将有助于你确定你的职业目标和你需要做什么来实现这些目标。

**自我认知**:对自己进行深入的了解,包括自己的兴趣、价值观、优势和劣势。思考哪些职业和领域与你的兴趣和价值观相契合,以及你能在哪些方面发挥自己的优势。

**市场研究**:研究你所在专业的就业市场,这将帮助你了解哪些工作机会最多,哪些工作是增长最快的,以及哪些职业可能与你的专业和技能相符。你可以通过在线搜索、参考行业报告或者访问职业咨询服务来获取这些信息。

**参加职业发展活动**:大学通常会举办职业发展活动,如职业展览、讲座、研讨会等。这些活动是了解行业趋势、与潜在企业接触,以及了解不同职业需求的好机会。

**进行信息面谈**:与你感兴趣的职业领域的专业人士进行信息面谈。这可以让你从实践者的角度了解职业,包括工作职责、日常工作流程、所需技能、行业发展趋势等。

**建立职业目标**:在你了解了市场和可能的职业路径后,你可以开始设定你的职业目标。这可能包括你希望从事的工作类型,你希望在何处工作,你希望达到的职位等。

**制定职业规划**:有了职业目标后,你需要制定一个规划来实现这些目标。这可能包括需要修的课程、需要获取的技能、需要的实习经验,以及你如何准备求职。

**寻求指导**:在整个过程中,寻求指导是非常有用的。你可以从教授、职业顾问或者你在信息面谈中接触到的专业人士那里获取建议。

**设定短期和长期目标**:在明确自己的兴趣和职业方向后,设定短期和长期的目标。短期目标可以是提升某项技能、完成某个实习或课程等;长期目标则是关乎你的职业发展和人生规划。

**不断调整和更新**:职业规划是一个持续的过程,需要随着时间、经验和市场需求的变化进行调整。保持开放的心态,随时关注行业动态,适时调整自己的职业规划。

在大学生活中确定职业规划需要自我认知、了解职业市场、学术与实践相结合、建立人际关系、参加职业发展活动、设定短期和长期目标以及不断调整和更新。在这个过程中，关键是要保持好奇心、勇于尝试和学会反思。通过这些努力，将能够帮助你在大学期间找到适合自己的人生目标和职业方向，并为未来的职业生涯和人生发展奠定坚实基础。

## 第四节　著名科学家和航天英雄在大学期间明确职业方向的事例

**1. 中国地质力学的创立者：李四光**

李四光(1889—1971)，地质学家、教育家、音乐家和社会活动家，中国地质力学的创立者，中国现代地球科学和地质工作的主要领导人和奠基人之一。作为新中国成立后的第一批杰出科学家之一，他为新中国的发展做出了卓越贡献。2009年，他被选为100位新中国成立以来感动中国人物之一。

李四光在大学期间就明确了自己的地质职业方向。他于1907年进入日本大阪高等工业学校船用机关科，学习造船机械，并于宣统二年(1910年)毕业。随后，他前往英国留学，考入英国伯明翰大学，先学采矿，后改学地质。这一阶段对他来说是关键的转折点，他明确了自己对地质学的热爱和追求，并坚定了地质职业的方向。1919年，他获得了硕士学位。

在中华民国时期，李四光长期担任北京大学地质系的教授和系主任，培养了许多著名的地质学家，对中国地质事业的发展和中国地质科学水平的提高起到了极其重要的作用。李四光先生以敢于挑战旧事物的革命精神、不倦的教育家精神和强烈的责任感作为事业的动力源，在科学实践中贯穿革命、育人和为人的科学思想，永远激励着我们。他作为一位地质学家和思想家，不仅留下了许多需要我们进一步认识、判断和解决的地质问题，也留下了引导我们认识、判断和解决这些问题的思想。

## 2. 物理学巨匠:杨振宁

杨振宁是一位著名物理学家和诺贝尔奖获得者,他在粒子物理学、统计力学和凝聚态物理等领域做出了里程碑性质的贡献。在20世纪50年代,他与R. L. 米尔斯合作提出了非阿贝尔规范场理论,与李政道合作提出了弱相互作用中宇称不守恒定律。他在粒子物理和统计物理方面进行了开拓性的工作,提出了杨-巴克斯特方程,开辟了量子可积系统和多体问题研究的新方向。

杨振宁在大学期间就明确了他将从事物理学的职业方向。他于1942年毕业于国立西南联合大学,本科论文导师是北京大学的吴大猷教授。尽管他学习的专业是电机工程,但他对物理学产生了浓厚的兴趣,并开始自学物理学。在大学期间,他阅读了一些经典的物理学教材,如《物理学原理》等。然而,他意识到这些教材只介绍了基础的物理概念和知识,对于他想要深入学习物理学的愿望来说,远远不够。

因此,杨振宁选择了去美国留学,先在芝加哥大学获哲学博士学位,之后进入普林斯顿大学进行博士后研究工作。在留学期间,他得到了一些著名物理学家的指导,如恩里克·费米和约翰·惠勒。在与这些物理学家的交流中,杨振宁深入探讨了许多深奥的物理问题,并逐渐形成了自己的研究思路和方法。他的学习经历告诉我们,要成为一名优秀的物理学家,除了必须具备扎实的物理学基础外,还需要坚定的学习决心和对深入探究物理学问题的精神。

杨振宁被认为是当之无愧的科学伟人。他的非阿贝尔规范场理论揭示了基本粒子之间的相互作用,使人类对大自然在最深层次结构和作用的认识更加深入。有人称杨振宁为20世纪继爱因斯坦和费米之后具有全面知识和才能的"物理学全才",是华人当中知名度最高的当代科学家之一。

## 3. 航天英雄:杨利伟

杨利伟,1965年6月21日出生于辽宁省,特级航天员,国际宇航科学院院士,中国载人航天工程副总设计师,少将军衔。

2003年10月15日,杨利伟作为执行中国首次载人飞行任务的航天员,驾乘神舟五号飞船在太空飞行21小时23分,实现了中华民族的千年飞天梦想。2003年11月,杨利伟被中共中央、国务院、中央军委授予"航天英雄"荣誉称号,并颁发"航天功勋奖章"。2003年度,杨利伟被评为"中国十大杰出青年"之一,同时被评为"感动中国十大人物"之一。2005年3月,国际天文学联合会以杨利伟的名字命名了一颗小行星"杨利伟星"。2009年,杨利伟被评为"100位新中国成立以来感动中国人物""100位新中国成立后为国防和军队建设作出贡献、具有重大影响的先进模范人物"之一。2011年9月,杨利伟当选国际宇航科学院院士。2017年10月,杨利伟荣获联合国教科文组织"空间科学奖章"。

1983年,高中毕业后考入空军第八飞行学院。1987年,获得中国人民解放军空军航空大学学士学位,后分配至中国人民解放军空军某部,先后成为空军某师强击机、歼击机飞行员。

2009年1月,获得清华大学管理学博士学位。杨利伟分享成长经历说:"我一生就追着这个梦想奔跑:先是当空军飞行员,再是当航天员。我感到最幸福的事情,就是我把自己的梦想与爱好,与国家、民族的事业很好地结合到一起了,这对于我来说,真是太幸运了。"

2010年3月,杨利伟在北京交通大学"为祖国而骄傲"报告会上谈到祖国对当代大学生的要求时,他说:"不管是祖国的航天事业还是其他岗位,需要的是兼具知识、能力和意志的人才,当代大学生应该珍惜大学生活,不仅学习知识,更应学习方法,学习做人、做事,要胸怀祖国、热爱人民、脚踏实地、勤勉自强。中国的航天技术距离世界顶尖水平还有一定差距,这就需要当代大学生更加勤奋努力,为了中国的荣誉不断开拓和创新。"杨利伟说:"从事航天等特殊行业,要以浓厚的兴趣做基础,更需要刻苦的专业学习和训练。航天事业需要高水平的技术人才,未来航天事业对生理素质的要求将逐渐降低,对专业知识的要求将更高,希望通过太空教育的推广吸引更多年轻人关注航天事业。"

# 第二章　重视学习复合交叉专业知识和技能

## 第一节　在完整大学生活实践中掌握复合交叉的专业知识结构

### 1. 学习和掌握专业知识结构

系统学习课程知识：大学提供了丰富的专业课程，涵盖了专业领域的基础知识和核心技能。认真上课、积极参与课堂讨论、完成课程作业和项目，能够帮助学生系统掌握专业知识结构。

自主学习：养成自主学习的习惯，利用课外时间阅读专业书籍、教材和论文，拓展专业知识面。同时，可利用网络资源，如 MOOC(Massive Open Online Courses)、专业博客和论坛等，学习最新的专业知识和技能。

参加专业活动：积极参加专业活动，如研讨会、讲座和专业培训课程等。这些活动通常邀请行业专家和学者分享最新的研究成果和发展趋势，有助于学生及时了解专业领域的最新动态。

开展课题研究:参与导师的课题研究或自主开展个人研究,以实践方式掌握专业知识。通过研究过程中的文献查阅、实验操作和数据分析等,不仅能加深对专业知识的理解,还能了解最新的研究进展。

与同行交流:与同专业的同学和老师保持良好的沟通,分享专业心得和研究成果。通过交流,可以相互学习、互补不足,共同提高专业素养。

定期关注专业期刊和行业报告:阅读专业期刊和行业报告,及时了解专业领域的最新研究成果和发展动态。同时,关注国内外相关专业会议和活动,掌握行业趋势。

培养跨学科思维:在学习专业知识的同时,培养跨学科思维,关注其他相关领域的发展。很多时候,跨学科的交融与碰撞能带来新的研究思路和方法,有助于拓展专业知识体系。

### 2. 探索复合交叉的专业知识结构

确定主要专业领域:选择一个你对其充满兴趣且与你的职业目标相关的主要专业领域。

探索相关领域:确定了主要专业领域后,开始探索与之相关的其他领域。了解哪些学科与你的主要专业领域有交叉和重叠之处,并确定你有兴趣探索的领域。这些领域可能与你的主要专业领域有关联,但有着不同的观点、方法和应用。

选修相关课程:利用选修课程的机会,在你的学业中涉猎相关领域的课程。这些课程可以是其他专业的课程,也可以是跨学科的课程。选择那些能够为你提供与你主要专业领域有关的知识和技能的课程。

寻找交叉学科项目或课程:有些大学提供特定的交叉学科项目或课程,这些项目或课程旨在培养学生跨多个学科领域的知识和技能。参加这样的项目或课程可以帮助你在不同的领域中获取更为综合和交叉的知识结构。

参与实践项目和研究机会:除了课程学习,参与实践项目和研究机会也是获得复合交叉知识的重要途径。参与实践项目和研究项目可以让你在实际情境中应用和整合不同领域的知识,加深对复合交叉知识的理解和应用能力。

寻求跨学科交流和合作机会:积极参与跨学科的讨论、研讨会、专业会议等活动,与不同学科领域的学生和学者进行交流和合作。这样的交流可以帮助你扩展知识边界,了解其他学科的观点和方法,促进跨学科思维和综合能力发展。

阅读广泛的专业文献:阅读广泛的专业文献和著作是培养复合交叉知识结构

的重要途径。阅读涉及你主要专业领域和相关领域的经典著作、综述文章、研究论文等,以深入了解各个领域的理论、方法和实践。同时,关注跨学科研究和综合性的专业期刊,从中获取多领域的知识和见解。

参与专业团队和项目:加入跨学科的专业团队或项目,与不同学科的研究人员和学生一起合作,共同探索复合交叉的问题和研究方向。通过与其他学科的团队合作,你将有机会学习其他领域的知识和技能,加深对复合交叉知识的理解。

实践跨学科思维:培养跨学科思维,意味着能够看到问题的多个方面,整合不同学科的观点和方法,提供综合性的解决方案。在学习和研究过程中,尝试将不同学科的概念和理论联系起来,发展跨学科的思维能力。

持续学习和自主探索:探索复合交叉的专业知识结构是一个持续学习和自主探索的过程。保持对新知识和领域的兴趣,保持开放的心态,不断更新自己的知识体系。利用学习资源,如在线课程、专业讲座、研讨会等,持续深化和扩展自己的知识结构。

拥有复合交叉的专业知识结构需要长时间努力和持续的学习。与不同领域的人交流、深入研究和实践,将帮助你建立更全面和综合的知识体系,并为未来的职业发展和专业研究提供更广阔的视野和能力。

## 第二节　中国现代桥梁之父在大学期间重视复合交叉知识结构的事例

茅以升(1896—1989)被誉为中国现代桥梁之父,是土力学的开拓者,杰出的桥梁建筑大师。他是中国近代桥梁事业的先驱,在20世纪30年代,在极其复杂的水文地质条件下,主持设计并成功建成了一座技术达到国际水平的大桥。

茅以升打破了外国人对中国现代化大桥设计和建造的垄断,该大桥的建成是中国桥梁建设史上的重大里程碑。他于1916年毕业于交通部唐山工业专门学校(现西南交通大学),并于1917年获得美国康乃尔大学硕士学位(桥梁专业),1919年获得美国卡耐基理工学院博士学位。

在茅以升的学习过程中,他的导师贾柯贝是世界著名的桥梁工程专家。尽管他有机会在康奈尔大学担任助教,但茅以升选择了进入导师推荐的匹兹堡桥梁公司实习。在实习期间,他学习了绘图、设计、金工、木工、油工等造桥技术,并与工人们一起参与桥梁构件的制作和装配工作。茅以升意识到,除了掌握实践经验外,他还需要进一步学习桥梁力学的理论知识。

茅以升以超凡的才华和勤奋努力,成为了一位不仅荣获金质奖章的年轻博士,也是桥梁工程科学与工程技术交叉复合的卓越桥梁专家。他广泛而深入的基础知识不仅使他在教育领域取得了巨大的成就,而且在人才培养方面也有丰富的实践经验。茅以升善于总结思考,勇于突破成见和习惯,提出了令人耳目一新的教育思想——工程教育的综合学习。这种综合学习的思想为茅以升和他的学生带来了成功,并为桥梁工程领域注入了新的活力。

## 第三节 在完整大学生活实践中学习和掌握专业动手技能

### 1. 在大学期间着力锻炼动手技能的重要性

在大学期间着力锻炼动手技能对于你的个人和职业发展都是至关重要的。

提升就业竞争力:在当前的就业市场中,企业寻求的不仅仅是理论知识丰富的求职者,而更加重视具有实践技能和经验的候选人。例如,计算机科学专业的学生,具有实际编程能力和项目经验会使他们在就业市场中更具优势。管理专业的学生,如果能展示实际的市场研究或者商业计划的制定经验,会更具吸引力。

促进理论知识的理解:课堂上的理论知识和实际操作有时可能会有鸿沟。通过动手实践,你可以将抽象的理论知识具象化,更深入地理解和掌握这些知识。例如,机械专业学生通过在实验室中操作,可以更好地理解机械的基本原理和过程。

建立职业信心:通过实践,你可以提升自己的技能,这将使你对自己的职业发展更有信心。例如,设计专业的学生在完成一系列设计项目后,会对自己的设计

第二章 重视学习复合交叉专业知识和技能

能力更有信心,也能更好地在求职中展示自己。

探索职业兴趣:有时,你可能会在实践中发现你未曾注意到的职业兴趣。比如,你可能在做志愿服务的过程中发现自己对社会工作有兴趣,或者在编程项目中发现自己对数据分析有兴趣。

提升问题解决能力:在实践中,你会遇到各种预料之外的问题。寻找解决这些问题的方法将锻炼你的问题解决能力,这对于你未来的职业发展是非常有价值的。

培养团队合作技巧:在实践项目中,你通常需要与他人一起工作,这将帮助你提升团队合作的技巧。无论是沟通能力、协调能力还是领导能力,都是你在未来职业生涯中必不可少的。

不同专业的动手技能各异,但都对将来的工作有帮助。

计算机类专业:在计算机科学中,动手技能包括编程、软件开发、数据分析等。这些技能能使你在毕业后直接投入到工作中。例如,你可以通过编写实际的软件或应用程序,或者参与开源项目,来提升这些技能。这将使你更加了解实际工作的需求和挑战,同时也能增加你的求职竞争力。

建筑工程类专业:在建筑工程中,动手技能包括使用建筑设计软件(如AutoCAD 或 BIM)、建筑模型制作、项目管理等。通过参与实际的建筑设计和施工项目,你可以更好地理解建筑原理,同时也能提升你的设计和管理技能。

机械制造类专业:在机械制造中,动手技能包括 CAD/CAM 设计、制造技术、机械系统集成等。这些技能可以通过实验课程、工程项目或实习等方式进行锻炼。例如,你可以参与一个小型机械设备的设计和制造过程,这不仅可以提升你的技能,也能增加你的工作经验。

企业管理和财务类专业:在企业管理和财务中,动手技能包括财务分析、项目管理、商业计划制定等。这些技能可以通过课程项目、模拟比赛或实习等方式进行锻炼。例如,你可以参与一个商业计划竞赛,或者在一家公司中实习,这将使你更加了解实际工作的需求和挑战。

以上每个专业的动手技能都是在大学期间必须重视和锻炼的技能。这不仅可以帮助你提升专业技能,也能使你更好地了解你的专业和未来的职业。这将在你毕业后寻找工作时给你带来很大的优势。

因此,无论你的专业是什么,都应该在大学期间寻找各种机会去锻炼你的动手技能。这可能包括参与研究项目、做实习、参加学生组织,或者进行志愿者工作,等等。这不仅能帮助你提升技能,还能让你的大学生活更丰富、更有意义。

### 2. 学习和掌握专业动手技能的几个步骤

(1) 系统学习课程知识。认真学习专业课程,掌握专业基础知识。课程设置通常涵盖了专业领域的核心技能和知识点。要充分利用课堂,积极参与讨论和实践,以巩固和拓展专业技能。

(2) 积极实践。将所学专业知识应用于实践中,以提高技能。可以参加专业竞赛、实习、兼职工作等与专业相关的活动。实践是检验所学知识的最好方式,也是提升技能的关键途径。

(3) 深入研究。积极参与课题研究,提升专业素养。可以加入导师的课题组,或者自主开展个人研究项目。通过研究,你可以更深入地了解专业领域的发展趋势和前沿技术。

(4) 关注行业动态。定期阅读专业期刊、行业报告和新闻,以了解专业领域的最新发展和技术趋势。关注行业动态,能帮助你把握行业发展方向,为自己的职业规划提供有益参考。

(5) 拓展技能培训。参加专业技能培训和认证课程学习,提升自己的竞争力。许多技能培训课程可以帮助你更深入地掌握专业技能,同时获得行业认可的证书。

(6) 与同行交流。主动与同专业的同学、教授和行业专家交流,分享技术心得和最新发展。这可以帮助你拓宽专业视野,了解不同领域的技术应用和发展趋势。

(7) 学习相关领域知识。跨学科学习有助于培养创新思维和多元技能。例如,计算机专业的学生可以学习数据分析、人工智能等相关领域知识,以应对行业发展的需求。

(8) 定期反思与调整。在学习过程中,要定期反思自己的专业技能掌握情况,分析所学知识与行业需求之间的关系。根据反思结果,适时调整学习方向和方法,以便更好地学习和掌握专业技能。

通过遵循以上步骤,在大学生活中,你可以系统地学习和掌握专业技能,同时关注相应的发展趋势。这一过程需要持续投入、勇于尝试和学会反思。在此基础上,不断提高自己的专业素养和技能水平,为未来的职业生涯和发展奠定坚实基础。

第二章 重视学习复合交叉专业知识和技能

 第四节　大国工匠杨伟重视技能
　　　　　　培养的事例

在大学期间,通过培养动手技能,掌握关键的专业技能,将对后来的事业起到关键作用。

杨伟,中国航空工业集团公司(AVIC)副总经理,歼-20隐形战斗机的总设计师。在大学期间,他注重学习了多个具体的动手技能,为他在歼-20项目的研发和成功起到了关键的作用。

航空工程:杨伟在大学期间主修空气动力学、飞行力学,深入学习了航空原理、气动力学和飞机结构等方面的知识。他掌握了飞机设计和制造的基本原理,为他在歼-20项目的设计和开发提供了技术基础。

飞机结构设计:杨伟注重学习了飞机结构设计的动手技能。他研究了不同材料和结构的适用性,掌握了飞机各个部件的设计和组装方法,为歼-20的结构设计和制造提供了关键的能力。

飞行器控制系统:杨伟在大学期间也注重学习了飞行器控制系统的动手技能。他研究了飞机的航电系统、操纵系统和自动控制技术,为歼-20的飞行控制和导航系统的设计和集成提供了重要的支持。

机载武器系统:杨伟对机载武器系统也表现出浓厚的兴趣。他学习了不同类型的武器系统,包括导弹、航空炸弹和机炮等,为歼-20的武器系统集成和性能优化提供了关键的技术支持。

团队合作和领导力:杨伟在大学期间锻炼了团队合作和领导力的能力。他参与了学生组织和科研项目,通过团队合作解决问题和管理项目,锻炼了自己的领导和协调能力。

杨伟在大学期间注重学习了空气动力、飞行力学、飞机结构设计、飞行器控制系统、机载武器系统等具体的动手技能。这些技能为他在歼-20项目的研发和成功起到了关键的作用,并使中国歼-20成为世界上先进的隐形战斗机之一。

## 第五节 大学各专业群部分专业核心知识点和技能示例

### 1. 计算机类专业群部分专业核心知识点和技能示例

1）计算机科学与技术

（1）核心知识点。

数据结构与算法：线性表，树，图，哈希表，排序算法，查找算法，动态规划，贪心算法，分治算法。

计算机组成原理：数据表示，逻辑门与组合逻辑，时序逻辑与触发器，存储器，中央处理器，输入/输出设备，性能评估与优化。

操作系统：进程管理，存储管理，文件系统，I/O 管理，系统安全与保护。

计算机网络：OSI 七层模型与 TCP/IP 模型，物理层技术，数据链路层技术，网络层技术（路由算法、IP 寻址、子网划分），传输层技术（TCP、UDP、拥塞控制），应用层协议。

数据库系统：关系数据库模型，SQL 语言，数据库设计与范式，索引结构与优化，事务管理与并发控制，数据库恢复与备份。

编程语言与编译原理：语法、语义、词法分析，语法分析，中间代码生成，代码优化，目标代码生成，符号表管理。

软件工程：需求分析与规格说明，软件设计与建模，软件开发过程，软件质量保证与测试，软件维护与管理。

（2）专业技能。

熟练掌握至少一种编程语言（如 C++、Java、Python 等）。

能够运用数据结构与算法解决实际问题。

理解计算机系统的组成及其工作原理，能进行性能优化。

掌握操作系统的基本原理，能进行进程管理、内存管理等操作。

熟悉计算机网络原理与技术，能进行网络配置与管理。

能设计、实现和优化数据库系统。

理解编程语言与编译原理,能进行编译器开发。

掌握软件工程方法,能进行软件需求分析、设计、开发与测试。

2) 软件工程、软件技术

(1) 核心知识点。

软件需求分析:需求获取方法,需求分类,需求规格说明书编写。

软件设计与建模:结构化设计方法,面向对象设计方法,软件建模工具与语言(UML)。

软件开发过程与方法论:瀑布模型,迭代增量模型,敏捷开发。

软件质量保证与测试:软件测试方法,软件测试技术,测试用例设计与执行,自动化测试工具与框架。

软件项目管理:项目规划与估算,项目执行与监控,风险管理,软件配置管理。

软件维护与演化:软件维护类型,软件重构技术,软件遗留系统处理。

(2) 专业技能。

熟练掌握至少一种编程语言(如C++、Java、Python等)。

能进行软件需求分析、设计、开发与测试。

掌握软件开发过程与方法论,能适应不同的开发模式。

熟悉软件质量保证与测试方法,能进行软件测试与优化。

掌握软件项目管理方法,能有效地管理软件项目。

能进行软件维护与演化,处理遗留系统问题。

3) 计算机网络技术

(1) 核心知识点。

网络体系结构:OSI 七层模型,TCP/IP 模型。

数据链路层技术:帧同步与差错控制,流量控制与拥塞控制,MAC 协议。

网络层技术:IP 寻址与子网划分,路由算法,网络互联与 NAT。

传输层技术:TCP 协议与 UDP 协议,TCP 拥塞控制,网络安全与防火墙技术。

应用层协议与服务:HTTP、HTTPS、SMTP、POP3、IMAP、FTP、TFTP、DNS、DHCP。

网络安全:加密算法,安全协议,防火墙与入侵检测系统。

无线网络与移动通信:无线局域网,蜂窝移动通信系统,移动网络协议。

(2)专业技能。

熟练使用网络分析与管理工具(Wireshark、Nmap等)。

掌握网络设备配置与管理(路由器、交换机等)。

熟悉网络安全技术与防护措施。

能设计、部署与优化计算机网络系统。

掌握无线网络与移动通信技术,能进行无线网络设计与部署。

4)大数据管理与应用、大数据技术

(1)核心知识点。

数据存储与管理:关系型数据库,非关系型数据库,分布式文件系统。

数据处理与分析:MapReduce编程模型,实时数据处理,数据挖掘与机器学习算法。

数据可视化与呈现:可视化工具与库,Web前端技术,报表与仪表盘设计。

大数据架构与系统:Hadoop生态系统,Spark生态系统,分布式计算框架。

(2)专业技能。

熟练使用大数据存储与管理技术,能设计大数据存储方案。

掌握大数据处理与分析技术,能进行数据挖掘与机器学习任务设计。

熟悉数据可视化技术与工具,能进行数据呈现与报告设计。

能搭建、配置与管理大数据架构与系统。

5)动漫制作技术、数字媒体技术、数字媒体艺术设计

(1)核心知识点。

二维动画制作:绘画基础与原理,关键帧动画与补间动画,动画制作软件。

三维动画制作:三维建模与渲染,角色绑定与动画制作,三维动画软件。

游戏设计与开发:游戏引擎,游戏设计原理与方法,游戏脚本编程。

交互设计与用户体验:交互设计原则与方法,用户界面设计,原型设计与测试。

数字图像处理与计算机视觉:图像处理基本算法,图像识别与分析,计算机视觉库。

音频与视频处理:音频信号处理,视频编解码技术,音视频处理软件。

(2)专业技能。

掌握二维与三维动画制作技术,能进行动画设计与制作。

熟悉游戏设计与开发流程,能使用游戏引擎进行游戏制作。

第二章 重视学习复合交叉专业知识和技能

掌握交互设计与用户体验方法,能进行用户界面设计与评估。

熟悉数字图像处理与计算机视觉技术,能进行图像识别与分析。

掌握音频与视频处理技术,能进行音视频剪辑与特效制作。

**2. 电子信息与电气工程类专业群部分专业核心知识点和技能示例**

1) 电子信息工程、电子信息工程技术

(1) 核心知识点。

电路分析与设计:基本电路元件,电路定律与定理,模拟电路设计,数字电路设计。

信号与系统:连续信号与离散信号,信号的时域与频域表示,系统的时域与频域分析,傅里叶变换、拉普拉斯变换、Z 变换等。

通信原理与技术:调制与解调技术,信道编码与解码,多址技术,无线通信系统。

微电子技术:半导体材料与器件,集成电路设计与制造,FPGA、ASIC 设计与应用。

嵌入式系统与物联网:嵌入式系统结构与设计,微控制器与单片机,物联网通信协议与技术,物联网应用与安全。

(2) 专业技能。

熟练使用电路分析与设计工具(如 Multisim、PSPICE 等)。

掌握信号与系统分析方法,能进行信号处理与滤波。

熟悉通信原理与技术,能设计通信系统。

掌握微电子技术,能进行集成电路设计与制造。

熟练使用嵌入式开发工具(如 Keil、IAR 等),进行嵌入式系统设计与开发。

掌握物联网技术与应用,能进行物联网系统设计与实现。

2) 电气工程及其自动化

(1) 核心知识点。

电路理论:基本电路元件、电路定理、交直流电路等电路理论知识。

电磁场理论:静电场、静磁场、电磁波等基本理论和应用技术。

信号与系统:信号的特征、分析、传输和处理方法,以及系统的特性、分析和设计方法。

电力系统稳定性、保护、控制、调度等电气工程专业知识:电力系统稳定性分析和控制、电力系统保护和控制技术、电力系统调度等专业知识。

电力电子器件、电力电子转换技术、智能电网等电气工程信息技术知识：电力电子器件、电力电子转换技术、电力电子应用、电力电子控制技术等信息技术知识，以及智能电网技术、分布式发电技术等新能源技术。

（2）专业技能。

电气工程设计、安装、调试和维护能力：能够根据工程需求进行电气系统设计，掌握电气设备安装、调试和维护技能。

电气工程自动化控制技术应用能力：能够掌握电气自动化控制技术的原理和应用技能，包括 PLC、DCS、SCADA 等技术。

电力系统故障检测和故障诊断技能：掌握电力系统故障检测和故障诊断技能，能够及时处理各种电力系统故障。

电力设备的能效评估和节能技能：掌握电力设备的能效评估和节能技能，能够提高设备的能效，减少能源消耗和环境污染。

新能源发电系统设计和运行技能：能够根据工程需求设计新能源发电系统，掌握新能源发电系统运行和维护技能。

3）应用电子技术核心

（1）核心知识点。

电路理论：数字电路、模拟电路、混合信号电路等基础理论知识。

传感器、嵌入式系统、通信系统等应用电子技术专业知识：传感器原理和应用、嵌入式系统设计和应用、通信系统设计和应用等专业知识。

物联网、人工智能、深度学习等信息技术知识：物联网原理和应用、人工智能基础和应用、深度学习基础和应用等信息技术知识。

（2）专业技能。

应用电子产品设计和开发能力：能够根据需求设计和开发各类应用电子产品，掌握各种设计工具和方法。

电子元器件选型和组装技能：能够根据设计需求进行电子元器件选型和组装，掌握各种元器件的特性和使用方法。

电子设备调试和维护技能：能够进行电子设备调试和维护，掌握各种测试仪器和方法。

人体信号监测和信号处理技能：掌握人体信号监测和信号处理技能，能够进行生理信号采集、处理和分析。

## 第二章 重视学习复合交叉专业知识和技能

智能家居、智能穿戴、智能交通等应用系统设计能力:能够根据需求设计和开发各类智能家居、智能穿戴、智能交通等应用系统,掌握各种开发平台和技术。

4）智能控制技术

（1）核心知识点。

控制理论:控制系统的基本结构、控制对象的数学建模、控制器设计和调试等理论知识。

优化算法:遗传算法、蚁群算法、粒子群算法等常用优化算法的原理和应用。

模式识别:模式识别的基本方法、模式分类、模式匹配、特征提取等模式识别的基础理论和方法。

自动化控制、机器人控制、智能制造等专业知识:自动化控制技术的基本理论、机器人控制技术、智能制造技术等。

（2）专业技能。

控制系统设计和调试能力:能够根据需求设计和调试各类控制系统,掌握控制系统的基本原理和调试方法。

优化算法应用能力:能够应用常用的优化算法,包括遗传算法、蚁群算法、粒子群算法等,对复杂系统进行优化设计和调整。

模式识别应用能力:掌握模式识别的基本方法和应用技能,能够对复杂数据进行分类、匹配和特征提取等处理。

自动化控制、机器人控制、智能制造等专业技能:掌握自动化控制、机器人控制、智能制造等专业知识和技能,能够实现生产线自动化控制和智能化制造。

5）建筑电气工程技术

（1）核心知识点。

基本电学:建筑电气工程技术的基本电学知识,包括电路基本理论、交直流电路分析、电能计量、电源负载特性等。

电气设备原理及应用:建筑电气设备的原理和应用,包括低压配电设备、照明设备、电力电容器、电动机等。

电力系统分析:建筑电气系统分析,包括电力系统的结构、运行特性和分析方法等。

建筑电气工程施工与管理:建筑电气工程施工和管理,包括施工方案编制、现场施工管理、质量监督和施工安全等方面。

建筑电气系统检测与维护:对已建成的建筑电气系统进行检测、评估、维修和改造。

（2）专业技能。

建筑电气系统设计与计算：具备建筑电气系统的设计和计算的能力，包括电气负荷计算、电路图设计、电气设备选型等。

建筑电气设备安装与调试：具备建筑电气设备安装和调试的能力，保证设备正常运行。

建筑电气工程现场施工管理：具备建筑电气工程现场施工组织和管理的能力，包括施工方案编制、现场施工管理和施工安全等方面。

建筑电气工程质量控制：具备建筑电气工程质量控制和监督的能力，包括工程质量检测和质量管理等。

建筑电气设备维护与保养：具备建筑电气设备维护和保养的能力，保证设备正常运行。

### 3. 机械类专业群核心知识点和专业技能示例

1）机械设计制造及自动化

（1）核心知识点。

机械原理：机械运动规律、速度、加速度、力等基本概念及其应用。

机械设计方法：零件设计、装配设计、材料选择、公差与配合等。

制造工艺：切削、铸造、锻造、焊接等传统制造工艺和现代制造技术。

自动控制原理：控制系统的基本原理、方法和技术。

机器人技术：工业机器人的结构、运动学、动力学、控制系统等。

（2）专业技能。

机械产品设计与制造：具备设计、制造和验证机械产品的能力。

数控加工：具备编写数控程序，操作数控机床进行加工的能力。

自动化生产线设计与调试：具备规划、设计和调试自动化生产线的能力，以提高生产效率。

机器人应用：具备开发和应用工业机器人的能力，实现生产自动化。

2）机械制造及自动化

（1）核心知识点。

制造工艺学：各种材料的加工方法和技术。

数控加工：数控设备编程和操作，实现高效加工。

自动化生产线:自动化生产过程设计、实施和优化。

质量管理:确保产品质量和生产过程的可靠性。

生产管理:生产活动规划、组织、指导和控制。

(2) 专业技能。

机械制造工艺设计与优化:具备设计和优化制造工艺的能力,以提高生产效率和产品质量。

数控加工:具备编程和操作数控设备的技能,以实现高精度加工。

自动化生产线规划与管理:具备设计、实施和管理自动化生产线的技能。

质量控制与检测:具备检测产品质量的技能,确保生产过程的可靠性。

3) 机电一体化

(1) 核心知识点。

机械原理:机械运动规律、速度、加速度、力等基本概念及其应用。

电气控制:电气控制系统设计和实施。

传感器技术:各种传感器的原理和应用。

计算机控制:计算机控制系统和软件开发。

系统集成:各种技术和设备整合,实现高效、智能的系统。

(2) 专业技能。

机电系统设计与集成:具备设计和实施机械、电气、计算机等多学科交叉的系统的能力。

自动化设备开发:具备开发具有自动化功能的机械设备和工具的能力。

嵌入式系统设计与应用:具备设计和开发嵌入式硬件和软件系统的能力。

机器人系统设计与实现:具备设计、制造和控制工业机器人的技能。

4) 智能制造工程

(1) 核心知识点。

智能制造系统:数字化、网络化、智能化制造技术及其集成应用。

数控加工:数控设备编程和操作,实现高效加工。

工业自动化:设计、实施和优化自动化生产过程设计、实施和优化。

物联网技术:物联网的原理、技术和应用。

人工智能与机器学习:人工智能理论、算法和应用。

大数据分析:大量数据处理、分析和挖掘,发现有价值的信息。

(2) 专业技能。

智能制造系统设计与实施:具备设计和实施智能制造系统的能力,以提高生产效率和质量。

工业自动化方案设计:具备为生产过程设计自动化方案的能力,以实现高效生产。

数据分析与处理:能够利用数据分析技术,解决生产过程中的问题。

人工智能在制造领域的应用:能够将人工智能技术应用于制造业,提高生产智能化水平。

机器学习算法在生产过程中的实际应用:能够将机器学习算法应用于生产过程,提高生产效率和质量。

5) 工业机器人

(1) 核心知识点。

机械原理:机械运动规律、速度、加速度、力等基本概念及其应用。

电气控制:电气控制系统设计和实施。

计算机控制:计算机控制系统和软件开发。

传感器技术:各种传感器的原理和应用。

机器人技术:工业机器人的结构、运动学、动力学、控制系统等。

运动控制:运动控制系统设计和实施,实现精确的运动控制。

(2) 专业技能。

机器人设计与制造:能够设计、制造和验证工业机器人。

机器人控制系统开发:能够设计、实施和优化机器人控制系统,包括硬件和软件。

机器人应用方案设计:能够为不同行业和应用场景设计适用的机器人解决方案。

机器人工智能制造领域的集成与应用:能够将机器人技术应用于智能制造过程,提高生产效率和质量。

6) 机械电子工程

(1) 核心知识点。

自动化原理:理解自动化系统的基本原理,包括控制理论、反馈机制和自动化流程。

嵌入式系统：学习嵌入式系统的硬件和软件设计，掌握微处理器及其应用。

工业控制网络：了解工业控制网络的架构、通信协议和应用，掌握工业互联网技术。

新能源技术：了解新能源的基本原理及其在机电系统中的应用。

（2）专业技能。

计算机控制编程：掌握编程技能，能够开发和调试计算机控制系统的软件。

传感器数据分析：掌握传感器数据的采集和分析技术，能够利用传感器数据进行系统优化和故障诊断。

工业控制网络配置与维护：能够配置和维护工业控制网络，确保系统的稳定性和安全性。

新能源系统设计：掌握新能源系统的设计与实施技能，能够在机电系统中应用新能源技术。

7）机电技术教育

（1）核心知识点。

机电技术教育：学习教育理论和教学方法，了解如何有效地传授机电技术知识。

计算机科学与技术：掌握计算机基础知识和编程技能，以便能够使用计算机辅助机电系统的设计与分析。

机电工程技术知识：学习机械工程基础、电气与电子技术、自动控制技术、液压与气动技等，了解基本知识、原理和应用。

心理学：了解教育心理学、发展心理学等理论，对学生心理辅导与咨询。

（2）专业技能。

教育与培训技能：掌握教育理论和教学方法，能够有效地教授机电技术知识，并设计相关的培训课程。

机电实践能力：掌握较扎实的机电技术基础理论、基本知识和基本技能，具有一定的设计与研究能力。

教学评估与反馈：掌握教学评估的方法，能够对教学效果进行评价并提出改进措施。

## 4. 土木工程建筑类专业群核心知识点和专业技能示例

1) 土木工程

(1) 核心知识点。

土力学与岩土工程学：土壤性质及其应力、变形和稳定性，岩土体力学和地下水流动。

结构力学：力学基本概念和基本定律，应力和应变的概念，各种结构受力情况的计算方法。

材料力学：各种材料的力学特性，材料的力学性质和应用。

结构设计与分析：各种结构设计方法和分析方法，计算机辅助设计方法。

施工技术：土木工程施工管理，包括施工方法和工序、施工材料和施工质量控制等。

工程测量：测量原理、测量设备、测量数据处理和应用。

(2) 专业技能。

土地开发与规划：具备土地利用和规划设计的能力，包括地形地貌和地下水资源的综合利用。

土建结构设计与施工管理：具备各种建筑结构设计和施工管理的能力，包括建筑物的基础和框架结构的设计。

基础设施建设与维护管理：具备城市基础设施设计和建设、道路和桥梁建设和维护的技能。

环境污染治理技术：掌握土壤污染和水污染治理技术和控制方法。

地下水资源管理与利用：具备地下水资源利用和管理的技能，包括地下水的开采、补给和保护。

2) 道路与桥梁工程技术

(1) 核心知识点。

结构力学：各种桥梁和道路的结构分析、设计和计算方法。

材料力学：桥梁和道路所用的各种材料的力学特性，材料的力学性质和应用。

道路工程学：道路设计和建设方法，包括地面和下层的结构设计和施工方法。

桥梁工程学：桥梁设计和建设方法，包括各种桥梁的类型、桥墩和桥梁主体设计和施工方法。

施工技术：道路和桥梁工程的施工管理，包括施工方法和工序、施工材料和施工质量控制等。

路面养护与维修:道路养护和维修方法,包括路面的破损处理和路面养护材料选择和使用方法。

(2)专业技能。

道路与桥梁规划和设计:能够根据交通运输的需要,规划和设计道路和桥梁的线路、长度、宽度、高度、坡度等参数。

道路与桥梁材料及构造设计:能够选择适当的材料和构造设计方案,根据工程要求和地质条件,设计适当的桥梁和道路结构。

道路与桥梁施工与管理:具备工地施工组织和管理的能力,包括施工方案编制、现场施工管理、质量监督和施工安全等方面。

道路与桥梁检测和维修:能够对已建成的道路和桥梁进行检测、评估、维修和改造。

3)建筑工程管理

(1)核心知识点。

建筑工程组织管理:建筑工程的项目组织和管理方法,包括项目管理组织结构、流程、目标等。

工程造价与预算管理:建筑工程的造价和预算管理,包括建筑工程的预算编制、造价测算、成本核算和成本控制等。

工程质量与安全管理:建筑工程质量和安全管理,包括建筑工程的质量控制、安全管理和环保等。

工程进度与施工计划管理:建筑工程的进度计划和施工计划管理,包括施工周期、进度管理和施工进度控制等。

工程合同法律法规:建筑工程合同管理的法律法规和标准规范。

(2)专业技能。

工程项目招标与评审:具备建筑工程项目的招标、投标和评审等能力。

工程投资与资金管理:具备建筑工程的投资和资金管理的能力,包括资金筹措、资金管理和资金运用等。

工程施工组织设计与管理:具备建筑工程的施工组织设计和管理的能力,包括施工技术、施工管理和现场安全控制等。

工程项目质量安全控制与监督:具备建筑工程项目的质量和安全控制和监督的能力,包括施工工艺和材料、质量检验和安全监测等。

工程项目进度管理:具备建筑工程项目进度管理和控制的能力,包括施工进度计划、进度监测和进度控制等。

4)建筑工程监理

(1)核心知识点。

工程测量学:建筑工程的测量学基础,包括测量原理、测量设备和测量数据处理方法等。

建筑工程法律法规:建筑工程相关法律法规和标准规范。

建筑结构力学:建筑工程的结构力学,包括各种建筑结构的受力情况和计算方法等。

施工技术:建筑工程的施工管理,包括施工方法和工序、施工材料和施工质量控制等。

工程质量安全检测与监测:建筑工程的质量和安全检测和监测,包括质量检验和安全监测等。

(2)专业技能。

工程监理合同管理与法律规定:能够进行建筑工程监理合同管理和法律规定遵守。

工程施工组织设计与管理:具备建筑工程的施工组织设计和管理的能力,包括施工技术、施工管理和现场安全控制等。

工程材料管理与控制:具备建筑工程材料的管理和控制的技能,包括材料质量的检验和使用、材料储存和材料消耗等。

工程环保技术与管理:能够进行建筑工程环保技术和管理,包括环境影响评价和环境保护等。

工程质量安全监测与管理:具备建筑工程质量和安全监测和管理的能力,包括质量检验和安全监测等。

5)建筑室内设计

(1)核心知识点。

建筑设计原理与规划:室内设计的设计原则和规划,包括空间布局和设计风格等。

室内设计原理与实践:室内设计的原理和实践,包括设计理念和创新、平面布局和立体设计等。

艺术与设计:室内设计的艺术与设计,包括色彩、材料、家具等方面的设计。

## 第二章 重视学习复合交叉专业知识和技能

建筑材料与构造设计:室内设计所用的材料和构造设计,包括墙面、地面和天花板等方面的设计。

室内灯光设计与照明设备选用:室内设计的灯光设计和照明设备选用,包括灯光设计理念、灯光亮度、灯光颜色、灯光布置和照明设备选用等。

(2)专业技能。

室内设计方案设计与表现:能够根据客户需求和建筑空间特点,设计出满足需求的室内设计方案,并运用设计软件进行效果图和平面图表现。

室内装修施工监督:具备室内装修工程的施工监督和质量控制的能力,包括现场施工管理和工程质量监测等。

室内摆设及家具选购:能够根据室内设计风格,挑选合适的摆设和家具,保证设计效果的实现。

室内软装及配饰选购:能够根据室内设计风格,挑选合适的软装和配饰,丰富室内空间的氛围。

室内设计项目管理:具备室内设计项目管理和实施的能力,包括项目策划、执行和管理等。

6)风景园林设计

(1)核心知识点。

园林艺术与设计原理:风景园林的艺术和设计原则,包括景观规划和设计思路等。

园林植物学与生态学:园林植物的学科基础,包括植物分类和特性,以及生态学相关知识。

园林设计软件应用:风景园林设计所需的软件应用,包括 CAD、PS、SketchUp、Lumion 等设计软件。

园林工程技术:风景园林工程技术,包括园林建设的施工技术、园林材料选用和维护技术等。

园林规划与管理:风景园林规划和管理方法,包括园林建设方案设计和实施等。

(2)专业技能。

园林规划与设计:能够根据客户需求和场地特点,设计出满足需求的园林规划和设计方案。

园林施工监督:具备园林工程的施工监督和质量控制的技能,包括现场施工管理和工程质量监测等。

园林植物选用和配置：能够根据设计需要，选择适合的植物种类和配置方案，满足园林设计的需求。

园林项目管理：具备园林项目管理和实施的能力，包括项目策划、执行和管理等。

园林景观营造和维护：具备园林景观营造和维护的能力，保证园林景观美观和长久保存。

7）水利水电工程

（1）核心知识点。

水文学：流量、水位、波浪、水位变化等水文学概念和测量方法。

水资源管理：水资源调查、评价、规划、利用和管理的原理和方法。

河流动力学：河道流态、泥沙运动、河道形态变化、水文地貌等基础理论和方法。

水工结构：水坝、渠道、闸门、水电站等水利工程中的水工建筑物的设计、施工和监理技术。

（2）专业技能。

水利水电工程设计能力：基于设计标准和规范，能够设计符合安全、经济和环保要求的水利水电工程。

水利水电工程施工和监理能力：掌握水利水电工程的施工和监理技能，能够保证工程建设的质量、安全和进度。

水利水电工程维护和管理能力：掌握水利水电工程的维护和管理技能，能够确保工程长期稳定运行。

水利水电工程自动化控制技术应用能力：掌握水利水电工程自动化控制技术的原理和应用技能，能够实现自动化控制和智能化管理。

水文测算、水质分析、水资源管理技能：掌握水文测算、水质分析、水资源管理等技能，能够进行水资源调查、评价、规划、利用和管理。

## 5. 财经管理类专业群核心知识点和专业技能示例

1）工程管理

（1）核心知识点。

工程建设基础知识：建筑结构、工程材料、土力学等方面的知识。

工程施工管理：工程进度计划、工程质量管理、施工现场安全管理等方面的知识。

工程成本管理:工程造价管理、工程投资决策、成本控制等方面的知识。

工程合同管理:工程合同签订、履行、维护等方面的知识。

工程项目管理:项目规划、项目实施、项目控制等方面的知识。

(2)专业技能。

施工管理技能:具备现场管理、施工进度计划编制、质量控制等技能。

项目管理技能:具备项目规划、项目进度控制、项目质量控制等技能。

招投标技能:具备招标文件编制、投标报价、投标策略设计等技能。

成本管理技能:具备成本核算、成本预测、成本控制等技能。

合同管理技能:具备合同签订、合同履行、合同维护等技能。

2)工商企业管理

(1)核心知识点。

管理学基础:组织理论、领导学、沟通学等方面的知识。

营销管理:市场分析、市场策略、品牌管理等方面的知识。

财务管理:会计、财务分析、资金管理等方面的知识。

人力资源管理:招聘、培训、绩效考核等方面的知识。

供应链管理:采购、物流、库存管理等方面的知识。

(2)专业技能。

组织管理技能:具备部门管理、组织设计、员工激励等技能。

营销管理技能:具备市场调研、市场推广、客户关系管理等技能。

财务管理技能:具备财务报表分析、资金管理、风险评估等技能。

人力资源管理技能:具备招聘面试、员工培训、绩效考核等技能。

供应链管理技能:具备采购管理、库存管理、物流管理等技能。

3)现代物流管理

(1)核心知识点。

物流基础知识:物流系统、物流模式、物流组织等方面的知识。

供应链管理:采购、物流、库存管理等方面的知识。

运输管理:物流运输模式、物流路线规划、运输管理等方面的知识。

仓储管理:仓储设备、仓储布局、仓储管理等方面的知识。

物流信息系统:物流信息管理、物流信息系统应用、物流信息安全等方面的知识。

(2)专业技能。

供应链管理技能:具备供应商管理、采购管理、库存管理等技能。

运输管理技能:具备运输管理、运输成本控制、物流路线规划等技能。

仓储管理技能:具备仓储设备操作、库存管理、仓储布局设计等技能。

物流信息管理技能:具备物流信息系统应用、物流信息安全、物流信息分析等技能。

物流服务能力:具备物流服务质量评估、客户关系管理、售后服务等技能。

4)连锁经营与管理

(1)核心知识点。

连锁经营基础知识:连锁模式、连锁战略、连锁组织等方面的知识。

连锁品牌管理:品牌定位、品牌建设、品牌维护等方面的知识。

连锁营销策略:市场调研、促销策略、销售渠道等方面的知识。

连锁运营管理:物流管理、供应链管理、人力资源管理等方面的知识。

连锁风险管理:经营风险评估、危机应对、风险防控等方面的知识。

(2)专业技能。

连锁品牌管理技能:具备品牌定位、品牌推广、品牌维护等技能。

连锁营销技能:具备市场调研、促销策略设计、销售渠道管理等技能。

连锁运营管理技能:具备物流管理、供应链管理、人力资源管理等技能。

连锁风险管理技能:具备经营风险评估、危机应对、风险防控等技能。

连锁经营创新能力:掌握连锁创新思维、创新管理方法,具备创新战略规划等能力。

5)电子商务

(1)核心知识点。

电子商务基础知识:电商发展史、电商模式、电商组织等方面的知识。

电子商务技术:电商平台开发、数据分析、网络安全等方面的知识。

电商市场营销:网站推广、搜索引擎优化、社交媒体营销等方面的知识。

电商物流管理:物流配送、售后服务、退换货处理等方面的知识。

电商法律法规:电商合同、电子支付、知识产权保护等方面的知识。

(2)专业技能。

电商平台技术:具备网站建设、电商平台开发、数据分析等技能。

电商市场营销技能:具备网站推广、搜索引擎优化、社交媒体营销等技能。

电商物流管理技能:具备物流配送、售后服务、退换货处理等技能。

电子支付技能:具备电子支付原理、支付接口设计、支付安全等技能。

电商法律法规技能:具备电商合同编制、知识产权保护、电子支付安全等技能。

6)公共文化服务与管理

(1)核心知识点。

公共文化基础知识:文化概念、文化体系、文化产业等方面的知识。

文化市场运作:文化市场规律、文化市场政策、文化市场调控等方面的知识。

公共文化服务:文化展览、文化交流、文化传播等方面的知识。

文化机构管理:文化组织管理、文化机构经营、文化机构评估等方面的知识。

文化创意设计:文化创意产业、文化创意设计、文化创意企业管理等方面的知识。

(2)专业技能。

公共文化服务技能:具备文化展览策划、文化交流组织、文化传播等技能。

文化市场运作技能:具备文化市场规律把握、文化市场政策研究、文化市场调控等技能。

文化机构管理技能:具备文化组织管理、文化机构经营、文化机构评估等技能。

文化创意设计技能:具备文化创意产业规律把握、文化创意设计、文化创意企业管理等技能。

文化法律法规技能:掌握文化法律法规知识,具备文化知识产权保护、文化市场监管等技能。

7)财务管理

(1)核心知识点。

财务管理基础知识:财务分析、财务决策、财务管理制度等方面的知识。

财务会计知识:会计基础知识、会计核算、会计报表分析等方面的知识。

管理会计知识:成本管理、预算管理、绩效管理等方面的知识。

财务市场知识:金融市场、证券市场、货币市场等方面的知识。

(2)专业技能。

财务分析技能:能够运用财务指标进行财务分析,评估企业的经营状况和盈利能力,判断企业风险和投资价值。

财务决策技能:能够根据企业经营状况和市场环境,进行投资决策、融资决策、分红决策等,优化企业财务结构。

资本预算技能:能够进行资本预算管理,进行投资项目评估和选择,为企业提供可靠的投资决策支持。

财务风险管理技能:能够进行财务风险评估和管理,提出风险防范措施,确保企业稳健发展。

公司治理技能:能够设计和建立有效的公司治理体系,规范公司管理和运作,保障企业合法权益。

财务报表分析技能:能够分析财务报表,识别企业经营状况和盈利能力,判断企业风险和发展潜力。

8)会计信息管理

(1)核心知识点。

会计基础知识:会计原理、会计核算、会计制度等方面的知识。

会计信息化知识:会计信息系统、会计软件应用、会计信息安全等方面的知识。

财务管理知识:财务分析、财务决策、财务管理制度等方面的知识。

会计法律法规知识:会计法、税法等方面的知识。

(2)专业技能。

会计信息化应用技能:能够熟练掌握会计信息系统和会计软件的操作和应用,能够使用计算机技术进行会计核算和报表编制。

财务分析技能:能够运用财务指标进行财务分析,评估企业的经营状况和盈利能力,判断企业风险和投资价值。

会计信息管理技能:能够对会计信息进行管理和维护,确保会计信息真实、准确和完整。

财务报表编制技能:能够编制企业财务报表和报告,保证财务报表及时、准确和完整。

税务筹划技能:能够根据税法规定,运用税收优惠政策,优化企业财务结构,降低企业税负。

会计法律法规遵循技能:熟悉会计法律法规,能够合规进行会计核算和报表编制,保证企业合法合规运营。

内部控制技能:能够设计和实施有效的内部控制制度,规范企业管理和运作,防范内部风险。

9) 大数据与会计

(1) 核心知识点。

大数据技术知识:大数据存储、大数据处理、大数据分析等方面的知识。

会计基础知识:会计原理、会计核算、会计制度等方面的知识。

会计信息化知识:会计信息系统、会计软件应用、会计信息安全等方面的知识。

财务管理知识:财务分析、财务决策、财务管理制度等方面的知识。

(2) 专业技能。

大数据处理技能:能够运用大数据技术进行数据清洗、数据转换、数据分析等操作,提高会计信息的准确性和及时性。

会计信息安全管理技能:能够设计和实施会计信息安全管理措施,防范信息泄露和信息安全风险。

数据挖掘技能:能够运用数据挖掘技术,挖掘会计信息的隐藏价值,提高会计决策的科学性和有效性。

会计信息共享技能:能够实现会计信息共享和交换,提高会计信息利用效率和应用价值。

数据分析技能:能够对大量的数据进行分析和统计,提供决策支持和参考意见。

会计信息处理技能:能够运用会计信息系统和会计软件,实现会计核算和报表编制自动化和规范化。

数据可视化技能:能够运用可视化技术,将复杂的数据信息转化为图表、报表等形式,便于分析和理解。

数据分析报告撰写技能:能够撰写数据分析报告,将数据分析结果清晰地呈现出来,为决策提供依据。

10) 工程造价

(1) 核心知识点。

工程造价理论知识:工程造价体系、工程造价方法、工程造价标准等方面的知识。

工程建设管理知识:工程项目管理、工程进度管理、工程质量管理等方面的知识。

工程施工技术知识:建筑施工技术、装饰装修技术、机电安装技术等方面的知识。

市场调研与营销知识：市场调研、竞争分析、营销策略等方面的知识。

（2）专业技能。

工程造价咨询技能：能够为企业或个人提供工程造价咨询服务，包括预算编制、招投标咨询、施工图预算、竣工结算等方面的服务。

工程成本控制技能：掌握工程成本控制方法和技术，能够制定工程成本控制计划，保证工程成本控制在合理范围内。

工程量清单编制技能：能够准确编制工程量清单，掌握工程量清单编制方法和技巧。

工程投资分析技能：能够进行工程投资分析，评估工程投资价值和经济效益，为决策提供依据。

工程造价软件应用技能：能够熟练使用工程造价软件进行预算编制、招投标管理、施工图预算、竣工结算等操作。

工程造价法律法规遵循技能：熟悉工程造价法律法规，能够合规进行预算编制、招投标管理、竣工结算等工作。

市场营销技能：能够进行市场调研和竞争分析，制定营销策略，为企业发展提供支持。

施工图预算技能：能够根据工程施工图纸进行预算编制和成本核算，确保工程成本控制在合理范围内。

工程质量管理技能：掌握工程质量管理方法和技术，确保工程施工质量达到标准要求。

工程进度管理技能：能够制定工程进度计划和监控方法，保证工程按时按质完成。

工程安全管理技能：能够制定工程安全管理规定和措施，确保工程施工安全。

施工组织设计技能：能够进行施工组织设计，合理安排施工进度和施工人员，提高施工效率和质量。

## 6. 教育类专业群核心知识点和专业技能示例

1）现代教育技术

（1）核心知识点。

教育技术的理论基础和发展历程：教育技术的概念、特点、分类、原理和发展趋势,以及全球教育技术的现状和发展趋势。

现代教育技术应用和相关技术:教育技术的应用领域、基本原理和实践方法,以及数字化学习、网络教育、智能教育等方面的技术。

教育技术管理与服务:教育技术规划、组织、管理和评估,以及教育技术服务设计、实施和评估。

(2)专业技能。

各类教育技术及其应用能力:掌握教育技术的应用原理、方法和工具,能够设计和实施教育技术应用方案,如智慧课堂、在线教育等。

教育技术开发和管理能力:掌握教育技术产品开发流程、技术标准和设计原则,能够开发和管理教育技术产品和服务。

利用信息技术对教育教学进行管理和评估能力:掌握教育信息化的理论和实践,能够运用信息技术进行教学设计、教学管理和教学评估。

2)学前教育

(1)核心知识点。

幼儿心理、认知发展、学习特点:幼儿心理的特点和规律、幼儿的认知发展和学习特点,以及幼儿园教育的目标和原则。

幼儿园教育学、幼儿园管理学:幼儿园教育的理论和实践、教育管理和行政管理的基本原理、组织管理和规划管理。

幼儿教育教学方法、教育技术:幼儿教育教学方法的基本原则和实践方法,教育技术应用原理、方法和工具,如互动课堂、数字化教育等。

(2)专业技能。

设计和实施幼儿园教育课程能力:掌握幼儿园教育课程的基本原则和教材教案的编写方法,能够根据幼儿认知特点和发展阶段,设计和实施有效的幼儿园教育课程。

幼儿园教学管理和评估能力:掌握幼儿园教学管理和评估的基本原则和方法,能够开展幼儿园教学管理和评估工作。

提供优质的幼儿教育服务能力:具备良好的沟通、协调、管理能力,能够提供优质的幼儿教育服务,与家长和社区保持良好的合作关系。

3)英语专业

(1)核心知识点。

英语语言的语音、语法、词汇等基础知识:英语的基础语音、语法、词汇和语言表达,包括英语听说读写等方面。

英语听说读写的教学原理和方法:英语听说读写的教学原理和方法,包括英语教学的基本理论、教学法和教材编写。

英语文化和国际交流的相关知识:英语国家的文化、风俗和习惯,以及国际交流的基本规则和礼仪等。

(2) 专业技能。

设计和实施有效的英语教学方案能力:根据学生的英语水平和需求,设计和实施有效的英语教学方案,包括课程设置、教学方法和评估等。

良好的英语听说读写能力:具备良好的英语听说读写能力,能够用流利、准确、规范的英语进行口语交流和书面沟通。

英语文化理解和跨文化交际能力:了解英语国家的文化和社会习惯,具有跨文化交际的能力和国际化视野,能够在跨文化环境中自如地沟通和交流。

以上是各个专业的核心知识点和专业技能,不同专业的具体要求可能会有所不同,但总体来说,这些知识点和技能对于从事相关专业工作的人员来说都是必需的。

# 第三章　学会学习、创新及实践的重要性

## 第一节　学会习

### 1. 在大学期间学会高效学习的建议

对于所有专业的学生来说，都应该保持好奇心，主动学习，勇于尝试新事物。同时，学会反思和自我批判，不断提升自己的思维深度和广度。这些都是培养创新思维的关键。

设定目标：明确学习目的，设定短期和长期学习目标。这有助于你保持学习动力和方向，避免在学习过程中迷失。

时间管理：制定合理的时间表，为学习、休闲、社交等活动分配合适的时间。良好的时间管理可以帮助你充分利用时间，提高学习效率。

主动学习：采取主动学习的态度，不仅在课堂上积极参与讨论，还要在课外进行深入研究。主动学习有助于你更好地理解知识，激发创新思维。

多元学习方法：尝试不同的学习方法，如分组讨论、在线学习、实验实践等。

多元化的学习方法可以帮助你从不同角度理解知识,提高学习效果。

思维导图:使用思维导图整理学习内容,帮助自己形成知识体系。思维导图可以清晰地展示知识点之间的关系,有助于激发创新思维。

培养明辨性思维:学会对所学知识进行批判性思考,分析知识的合理性、局限性和适用性。明辨性思维有助于你更深入地理解知识,激发创新灵感。

跨学科学习:拓宽知识面,关注与专业相关的其他领域。跨学科学习可以帮助你打破思维定式,培养创新思维。

学会反思:定期对自己的学习过程进行反思,分析学习方法的有效性和自己的进步情况。反思有助于你不断调整学习策略,提高学习效果。

创新实践:积极参与创新项目、竞赛和课题研究等活动,将所学知识应用于实际问题。实践是培养创新思维的关键,能帮助你将理论知识转化为实际能力。

通过以上策略,在大学生活中掌握有效的学习方法和培养创新思维。要保持持续学习的热情和好奇心,勇于尝试和探索,学会反思和调整。随着时间的推移,你将逐渐形成适合自己的学习方法,并具备更强的创新思维能力。这将为你在未来的学术和职业生涯中取得成功奠定坚实基础。

## 2. 在大学期间初步掌握创新思维的方法

在大学期间,培养创新思维是非常重要的,合适的方法有助于培养创新思维。尝试学习不同的学科,不仅限于自己的专业领域。这可以帮助你看到问题的不同角度,从而产生新的思路和解决方案。无论是理工科专业还是人文管理类专业的学生,都可以从跨学科知识中受益。这不仅可以增加学生的知识储备,也可以拓宽学生的思维视角,促进创新。无论是理工科专业学生还是人文管理专业学生,都可以从跨学科学习中获益。

1)理工科专业跨学科学习的作用

理工科学生往往更偏重于技术和科学知识,但人文科学和社会科学的知识也对他们非常重要。

人文科学知识:马哲可以帮助理工科学生更好地理解人类的思维方式,提高他们的明辨性思维和决策能力。例如,在研发新技术时,了解其可能的社会影响是非常重要的。

社会科学知识:经济学、心理学、艺术等可以帮助理工科学生理解社会现象,更好地满足用户需求。例如,在设计产品或服务时,了解用户的需求和行为及创意是非常重要的。

2）人文管理类专业跨学科学习的作用

人文管理类专业的学生虽然更偏重于理解人类社会和行为，但科学技术的知识也对他们非常重要。

科学知识：基本的自然科学原理可以帮助人文管理类专业的学生理解技术如何影响社会和经济。例如，在制定政策或商业策略时，了解科技趋势是非常重要的。

技术技能：基本的编程和数据分析技能可以帮助人文管理类专业的学生更有效地处理信息，做出更好的决策。例如，在今天的数据驱动的世界里，掌握基本的数据分析技能是非常有价值的。

这些只是一些例子，每个学生的跨学科知识需求可能会因他们的专业和兴趣有所不同。但总的来说，跨学科学习可以使学生更全面，更具创新精神，更能适应不断变化的世界。

3）管理和财务知识对于所有学生都很重要

无论主修理工科还是人文科学，大学生均应重视学习管理和财务知识。但对于这两类学生，管理和财务知识的应用可能会有所不同。

（1）对理工科专业的学生。

项目管理：无论是在学校的项目，还是在未来的职业生涯中，理工科学生都可能需要参与或领导一些项目。了解项目管理的基本原则和技巧，如时间管理、资源分配、风险管理等，可以帮助他们更有效地进行工作。

财务基础：理工科学生可能会创办自己的公司或在一些需要财务理解的位置工作。了解财务的基本概念，如预算、财务分析、成本控制等，可以帮助他们在管理资源和做决策时更加明智。

（2）对人文管理类专业的学生。

管理技巧：对于人文管理类专业的学生来说，管理是他们专业的核心部分。学习管理的知识和技巧，如领导力、组织行为、决策制定等，可以帮助他们在未来的工作中更有效地管理团队和组织。

财务决策：无论是在企业、政府，还是非营利组织，财务决策都是重要的一部分。了解财务的基本原则和工具，如财务报表、投资评估、风险管理等，可以帮助他们做出更好的策略和决策。

因此，无论你是理工科学生还是人文管理类专业的学生，管理和财务知识都是非常重要的。学习这些知识不仅可以帮助你在大学期间更好地完成项目,也可以为你的未来职业生涯做好准备。

4)求知创新实践

主动求知:对于你感兴趣的话题或领域,尝试自主研究,探索新的知识。这可能涉及到读书、网络研究,或参加相关研讨会和讲座。

提出问题:不要害怕提出问题,尤其是那些看似"傻"的问题。这些问题可能会打开新的视野,引导你思考新的可能性。

学习创新方法:一些思维方法,如设计思维、系统思维、明辨思维等,都是培养创新思维的有效工具。你可以通过课程、工作坊或在线学习来学习这些方法。

合作和分享:与他人合作,分享你的想法和观点。他们可能会提供新的视角,启发你的创新思维。

接受失败:创新意味着尝试新事物,而这通常伴随着失败。学会接受失败,从失败中学习,可以帮助你变得更有创新精神。

(1)对理工科专业的学生。

实际应用:将理论知识应用于实践中。例如,参加编程比赛、工程设计项目等。这些活动可以帮助你将课堂知识与实际问题相结合,激发创新思维。

科研实践:尝试加入实验室、参与科研项目。科研过程中的问题解决往往需要创新思维又促进思维发展。同时,这也可以帮助你学习和理解新的科技趋势。

学习最新技术:通过各种渠道了解和学习新兴技术,如人工智能、大数据等。学习和探索新技术,可以开阔视野,促进创新思维发展。

(2)对人文管理类专业的学生。

案例学习:通过学习和分析真实的商业案例,了解并理解成功或失败的原因,以激发创新思维。

团队项目:参与团队项目,如商业计划、市场研究等。在团队合作中,可以通过交流和互动激发创新思维。

实习和社会实践:寻找与专业相关的实习机会,或参加社会实践活动。实践经验可以帮助你理解实际问题,并促使你思考创新的解决方案。

记住,创新思维是一种思维方式,而不仅仅是一种技能。它需要时间和实践来培养。所以,不要急于求成,享受学习和探索的过程。

## 第二节 爱因斯坦在大学期间总结学习方法和创新思维途径的事例

阿尔伯特·爱因斯坦(1879—1955),出生于德国,是20世纪最伟大的科学家之一,他的理论为核能的开发奠定了理论基础。为帮助对抗纳粹,他曾在利奥·西拉德等人的协助下致信美国总统富兰克林·罗斯福,直接促成了曼哈顿计划的启动。二战后他积极倡导和平、反对使用核武器,并签署了《罗素-爱因斯坦宣言》。爱因斯坦开创了现代科学技术新纪元,被公认为是继伽利略、牛顿之后最伟大的物理学家,也是批判学派科学哲学思想之集大成者和发扬光大者。

他在大学期间总结了一系列优秀的学习方法和创新思维途径。他的一些学习方法和创新思维形成过程具有鲜明的爱因斯坦特点。

深入理解基本概念:爱因斯坦非常注重对基本概念的理解,他认为这是掌握复杂理论的关键。在大学期间,他通过自学和探讨,深入研究了物理学、数学等领域的基本概念。这种深入理解使他能够提出许多革命性的理论。

思考实验:爱因斯坦非常擅长进行思考实验,他认为思考实验是一种有效的探索和创新方法。在大学期间,他通过构建虚拟的实验场景来测试和验证各种假设和理论。这种思考实验方法为他的科学成就奠定了基础。

不拘泥于权威:爱因斯坦不拘泥于权威,他勇于质疑和挑战现有的理论和观点。在大学期间,他对传统的科学观念提出了许多质疑,最终为他的创新性研究打下了基础。

保持好奇心:爱因斯坦非常注重保持好奇心,他认为好奇心是科学家的最重要品质。在大学期间,他对周围的世界保持了强烈的好奇心,这使他能够不断地发现新问题并寻求解决方案。

跨学科学习:爱因斯坦非常重视跨学科学习,他认为跨学科学习能够拓宽思维和知识面。在大学期间,他学习了许多与物理学和数学相关的领域知识,如哲学、历史和文学等。这种跨学科学习使他能够从不同角度看待问题并提出独特的见解。

阿尔伯特·爱因斯坦在大学期间通过深入理解基本概念、进行思考实验、不拘泥于权威、保持好奇心以及跨学科学习等方式总结了一套优秀的学习方法和创新思维途径。这些方法和思维为他日后的成功奠定了基础,使他能够提出许多革命性的理论,如相对论。

1930年,爱因斯坦提出了爱因斯坦教育理念。爱因斯坦教育理念强调,学习是一个快乐的过程。培养孩子们学习的兴趣,注重学习的过程,能不断地激发孩子求知的动力。因此,营造宽松、自由、和谐的学习环境,能增加孩子们的学习乐趣,从而激发他们思考问题的主动性。

爱因斯坦在大学期间总结的独特学习方法和创新思维途径为他后来的成功事业发挥了关键作用。

## 第三节　在完整大学生活实践中积极参与实践

在大学生活中,实践环节是学生将所学知识应用于实际工作中的重要途径,有助于培养实际操作技能、团队合作精神和解决问题的能力。

### 1. 实践环节中的主要内容

实验:实验课程旨在帮助学生掌握实验技能,提高实验操作能力。通过实验,学生可以将理论知识应用于实际操作中,更好地理解学科原理,培养观察和分析问题的能力。

实训:实训课程通常针对专业技能进行培训,帮助学生掌握专业操作技能。实训可以让学生在实际操作中巩固和提高所学知识,培养专业素养和实际工作能力。

实习:实习是指学生在企业或机构中进行短期工作,了解职业环境,锻炼职业技能。实习有助于学生了解行业现状和职业发展前景,提高自己的就业竞争力。

毕业设计:毕业设计是学生在大学阶段最后一个学期完成的课题研究。通过毕业设计,学生可以充分运用所学知识解决实际问题,展示自己的综合素质和创新能力。

社会实践:社会实践通常包括志愿者服务、社区活动、社会调查等。通过参与社会实践,学生可以培养社会责任感、团队协作能力和人际沟通技巧,拓宽视野,提高综合素质。

**2. 实践环节的作用**

提高实际操作能力:实践环节让学生将所学知识应用于实际操作中,提高实际操作能力,为将来的职业生涯做好准备。

培养创新能力:实践环节鼓励学生发挥创造力,解决实际问题。通过实践,学生可以培养创新思维和解决问题的能力。

加强团队合作:实践环节让学生与他人合作完成任务,培养团队合作精神和协作能力。

提升职业素养:实践环节让学生了解职业环境,提高职业素养,为将来的职业生涯做好准备。

拓宽视野:实践环节让学生接触不同的工作场景和人群,拓宽视野,增加人生经验。

培养社会责任感:通过参与社会实践活动,学生可以更好地了解社会问题,增强社会责任感。

提高综合素质:实践环节可以帮助学生提高沟通技巧、团队协作能力、分析和解决问题的能力等综合素质,为将来的学术和职业发展奠定坚实基础。

在大学生活中,实践环节是非常重要的一部分。通过实验、实训、实习、毕业设计和社会实践等多种形式的实践活动,学生可以将所学知识应用于实际工作中,提高实际操作能力和综合素质,为未来的学术和职业生涯做好准备。

## 第四节 音乐家和科学家在学习期间实践的事例

**1. 国歌的创作者:聂耳**

聂耳(1912—1935),中国音乐家,中华人民共和国国歌《义勇军进行曲》的作曲者。聂耳创作了数十首革命歌曲,他的一系列作品影响中国音乐几十年。他的音乐具有鲜明的时代感、严肃的思想性、高昂的民族精神和卓越的艺术创造性,为中国无产阶级革命音乐的发展指出了方向,树立了中国音乐创作的榜样。

2009年9月10日,聂耳被评为"100位为新中国成立作出突出贡献的英雄模范人物"之一。

他从小就明显表露出对音乐的爱好,先后向其家人及邻居邱木匠学习吹奏民族乐器(竹笛、二胡、三弦、月琴等),并开始接触当地民间音乐(如滇戏、花灯、洞经调等),热情投入求实小学的课余音乐活动,曾被选为该校学生自治会会长、学生音乐团指挥等,并曾荣获该校第一号学生奖状。

1929年5月,聂耳昆明省立第一师范学校继续学习。他作为学校的课余文艺活动的积极分子,经常参加校内外的音乐、戏剧等活动,组织九九音乐社,参加戏剧研究会所举办的一系列中文话剧的演出活动。

聂耳是第一个写出中华人民共和国国歌的革命者,第一个为中华民族和中国的劳苦大众写歌并在歌曲中创造了中国无产阶级形象的作曲家,第一个用筑起血肉长城的电影音乐和群众歌曲的形式传达革命理想唤起民众的作曲家,第一个用艺术歌曲的形式塑造中国劳动妇女的形象的作曲家,第一个用儿童歌曲的形式呼唤新中国的作曲家。

## 2. 第一位本土自然科学诺贝尔奖获得者:屠呦呦

屠呦呦,1930年12月30日出生于浙江宁波,药学家,现为中国中医科学院首席科学家,共和国勋章获得者。

她于1955年毕业于北京医学院。多年从事中药和西药结合研究,突出贡献是创制新型抗疟药青蒿素和双氢青蒿素。1972年成功提取分子式为 $C_{15}H_{22}O_5$ 的无色结晶体,命名为青蒿素。2011年9月,因发现青蒿素——一种用于治疗疟疾的药物,挽救了全球特别是发展中国家数百万人的生命,获得拉斯克奖和葛兰素史克中国研发中心"生命科学杰出成就奖"。

2015年10月屠呦呦获得诺贝尔生理学或医学奖,理由是她发现了青蒿素,该药品可以有效降低疟疾患者的死亡率。她成为第一位获诺贝尔科学奖项的中国本土科学家。诺贝尔科学奖项是中国医学界迄今为止获得的最高奖项,也是中医药成果获得的最高奖项。她获2016年国家最高科学技术奖,2018年党中央、国务院授予屠呦呦同志"改革先锋"称号,颁授"改革先锋"奖章。

屠呦呦在大学期间和后面的工作中积极参与实践活动,为其事业成功起了重要作用。

实验室研究:屠呦呦在大学期间积极参与了实验室的研究工作。她深入研究药物化学和药理学等,积极进行实验观察和数据收集,为她后来的药物研发打下了坚实基础。

专业会议和研讨会:屠呦呦参加了各类专业会议和研讨会。她聆听专家的报告和演讲,了解最新的科学进展,与其他科研人员交流和合作,拓宽了她的专业视野和科学思维。

药学实习和药物研发项目:屠呦呦积极参与了药学实习和药物研发项目。她在实践中学习了药物筛选和分析的技术,参与了药物研发的各个环节,培养了实际操作和研发能力。

科研论文和科技竞赛:屠呦呦发表了一些科研论文,并参加了科技竞赛。她通过撰写论文和参赛展示自己的研究成果和发现,锻炼了科学写作和展示能力。

草药调查和采集:屠呦呦对中药草药表现出了浓厚的兴趣。她积极参与了草药调查和采集工作,收集草药样本进行研究,为她后来发现青蒿素提供了重要的基础。

北京大学评价她:数十年如一日,屠呦呦从未改变过自己追求真理的底色。她或伏案古籍之间,或奔走田野之中,或守着实验室的夜……岁月镌刻着她在人类抗疟历史上留下的一笔一画。个人的命运与国家的发展相互交织、紧密联系,奏响了她人生的乐章,书写了她无私无悔的一生。

以上事例告诉我们,参加实践项目可以帮助学生在大学生活中培养团队领导力,这些领导力在后来的事业中起到了关键作用。无论是第一位本土自然科学诺贝尔奖获得者屠呦呦,还是人民音乐家聂耳,他们都通过实践环节,得到了大量的团队领导和创新实践锻炼,这让他们在后来的事业中具备了更好的领导力和创新能力,也帮助他们更好地应对各种挑战和机遇。

# 第四章 通过创新社团和人文艺术体育活动提升团队领导力

## 第一节 在完整大学生活实践中提升自身的团队领导力

在大学生活中,提升团队领导力对个人成长和职业发展具有重要意义。

**1. 积极参加大学创新创业活动和各类竞赛**

在大学期间,有很多国家、省市、学校举办各类创新创业和技能竞赛,是难得的提升团队领导力的锻炼机会。大学生应当积极参加中国"互联网+"大学生创新创业大赛、"挑战杯"全国大学生课外学术科技作品竞赛和中国大学生创业计划竞赛、世界技能大赛、全国职业院校技能大赛等竞赛,参加如数学建模、机器人大赛、各类设计竞赛等,以展示自己在专业领域的才能和实力。

**2. 积极参加各类社团活动增强团队领导力**

参与团队活动:积极参加学术团队、社团组织、志愿者活动等,与他人合作完成任务。这有助于你了解团队合作的基本原则,提高团队协作能力。

承担责任:在团队活动中,主动承担一定的责任和角色。当负责某项任务或担任组织领导职务时,可以锻炼自己的组织协调和领导能力。

增强沟通能力:学会有效地与团队成员沟通,倾听他人意见,表达自己的观点。良好的沟通是团队领导力的关键,有助于建立团队信任和凝聚力。

学会倾听:尊重团队成员的意见和建议,耐心倾听他们的想法。学会倾听可以帮助你更好地理解团队成员的需求,提高领导力。

培养判断和决策能力:在团队活动中,学会分析问题,做出明智的决策。良好的判断和决策能力是领导力的重要组成部分。

激发团队激情:作为团队领导者,要能够激发团队成员的积极性和激情,鼓励他们充分发挥自己的潜力。这可以帮助团队更好地完成任务,提高团队效率。

学习领导理论和实践:阅读关于领导力的书籍和文章,了解领导力理论和实践。这可以帮助你形成自己的领导风格,提高领导力。

反思和改进:在担任领导角色后,要定期反思自己的领导表现,分析优点和不足。根据反思结果,不断调整和改进自己的领导方式。

通过以上策略,在大学生活中,你可以逐步提升自身的团队领导力。保持谦逊和开放的心态,愿意学习和成长。随着时间的推移,你将成为一个具有影响力和领导力的优秀团队领导者。

##  第二节 著名科学家钱三强在大学期间培养领导力的事例

钱三强,中国科学院院士,核物理学家。科技领导力卓越,人格魅力巨大,爱国敬业,富有科学精神,专业造诣精深,富有创造性。其高瞻远瞩的科技洞察力、基于国家战略需求的科技战略谋划能力、科技人才培育能力和科技战略组织实施能力等,体现在他领导原子弹研制工程和组建科研基地的组织指挥等领导行为中。上述多种能力相互融合,构成了钱三强典型的领导力要素。

他学识精深,科技阅历丰富,富有创造力,科技成就巨大。1937年,钱三强到巴黎大学攻读博士学位,师从伊莱娜·居里。其博士论文在巴黎大学镭学研究所居里实验室和法兰西学院原子核化学实验室同时进行。钱三强勤奋好学、诚实开朗、乐于助人的精神受到普遍好评,其研究工作进展迅速,1940年获得法国国家博士学位。1948年4月26日,在钱三强回国前夕,居里夫人伊莱娜·居里给他的评语:"物理学家钱先生与我们共享期间,证实了他那些早已显示了的研究人员的特殊品格,他的著述数量多且重要。他对科学事业满腔热忱,并且聪慧有创见。十年期间,在那些到我们实验室并由我们指导工作的同时代人当中,他最为优异。我们这样说,并非言过其实。在法兰西学院,我们两人之一曾多次委托他领导多名研究人员。这项艰难的任务,他完成得很出色,从而赢得了他那些法国与外国学生们的尊敬与爱戴。我们的国家承认钱先生的才干,曾先后任命他担任国家科学研究中心研究员和研究导师的高职。钱先生还是一位优秀的组织工作者,在精神、科学与技术方面,他具备研究机构的领导者所应有的各种品德。"从该评价中,我们更可清晰地看到钱三强渊博的知识、聪慧的头脑和创新能力,和在大学期间培养的强有力的领导力。他相继担任近代物理研究所所长、核工业部副部长、中国科学院副院长,以他"科学研究组织工作者所特有的精神"(约里奥·居里语),统领我国的原子科学大军,历经千辛万苦,终于在1964年10月成功地爆炸了我国第一颗原子弹,极大地提高了我国的综合国力。

## 第三节　在完整大学生活实践中培养自身的人文和艺术素养

在完整大学生活实践中,培养自身的人文和艺术素养对于个人成长和综合素质的提升具有重要作用。人文和艺术素养可以丰富思想,拓宽视野,提高审美能力和创造力。

**1. 人文和艺术素养对提升综合素质与创造性的作用**

人文和艺术素养对于提升个人的综合素质和创造性有着重要的作用,具体体现在多个方面。

第四章　通过创新社团和人文艺术体育活动提升团队领导力

增强理解和表达能力：人文学科如历史、哲学、文学等，可以增强我们的理解力和表达力，教会我们如何理解复杂的概念，如何表达我们的思想和情感，这对于提高我们在学习、工作和生活中的沟通能力有着重要的影响。

培养明辨性思维：人文学科的学习通常涉及到明辨性思维，我们需要分析和评估信息，发表自己的观点。这种明辨性思维能力对于我们在生活和工作中做出明智的决策是非常重要的。

提升创新能力：艺术教育如绘画、音乐、戏剧等，可以刺激我们的创造力。艺术创作通常需要创新、思考新的可能性，这对于我们在学习、工作和生活中的创新能力有着积极的影响。

增强情感理解：人文和艺术教育可以增强我们的情感理解和表达能力。了解艺术和文化的多样性，可以帮助我们更好地理解自己和他人的情感，这对于我们的人际关系和社会互动有着积极的影响。

提供全局视角：人文和艺术教育通常涉及对全局的思考。学习不同的文化、历史和艺术形式，可以帮助我们更全面地理解世界，更好地应对复杂和多变的现代社会。

人文和艺术素养对于我们的思维能力、表达能力、创新能力、情感理解和全球视野等多方面的发展都有着积极的作用，它们是综合素质的重要组成部分。

## 2. 在大学期间培养自身的人文和艺术素养

阅读经典文学作品：阅读经典文学作品可以帮助你了解不同历史时期和文化背景下的人类思想、情感和价值观，提高自己的人文素养。

参加文化活动：积极参加校园内外的文化活动，如讲座、书画展、音乐会等，这有助于你接触到各种艺术形式，丰富自己的艺术素养。

学习艺术技能：尝试学习一种或多种艺术技能，如绘画、音乐、舞蹈等，可以帮助你发掘自己的艺术潜能，提高创造力。

交流与分享：与他人交流自己的艺术和人文体验，分享自己的感悟和想法，这有助于你更好地理解艺术和人文，提高自己的表达能力。

参观博物馆和历史遗址：参观博物馆和历史遗址，了解人类历史和文明的发展，增加人文知识。

了解世界文化：关注世界各地的文化和艺术动态，了解不同国家和地区的文化传统和艺术风格，这可以拓宽你的视野，丰富你的人文素养。

学习相关课程:选修一些与人文和艺术相关的课程,如艺术史、文学评论等,这可以帮助你系统地学习人文和艺术知识,提高自己的素养。

创作艺术作品:尝试创作自己的艺术作品,如写诗、作画、编曲等。通过创作,你可以发挥自己的想象力和创造力,提高艺术素养。

通过以上方法,在大学生活中培养自身的人文和艺术素养,有助于你形成独特的审美观和世界观,提高自己的综合素质。此外,人文和艺术素养还能帮助你在日常生活中更好地欣赏美、体验美,为你的生活增添色彩。同时,这种素养也会提高你的沟通技巧和人际关系处理能力,使你在职业生涯中更具竞争力。总之,在大学生活中,培养自身的人文和艺术素养有助于全面提升个人品质,丰富精神世界,为未来的学术和职业生涯打下坚实基础。

# 第四节 著名艺术家在大学期间培养人文艺术素养的事例

不少艺术家通过完整大学生活,培养了自身的人文和艺术素养,对他们的事业成功起到了关键作用。

## 1. 中国近代建筑之父梁思成

梁思成(1901—1972),建筑历史学家、建筑教育家和建筑师,被誉为中国近代建筑之父。他毕生致力于中国古代建筑的研究和保护,参与了人民英雄纪念碑、中华人民共和国国徽等作品的设计。

梁思成在大学期间注重人文素养的培养,打下了扎实的艺术基础。

文学和艺术研究:梁思成对文学和艺术表现出了浓厚的兴趣。他在大学期间广泛阅读文学作品,研究绘画和雕塑艺术,这培养了他的审美观念和艺术素养,为他后来的建筑设计打下了基础。

历史和考古学研究:梁思成对历史和考古学表现出了浓厚的兴趣。他在大学期间研究中国古代历史和建筑风格,参与考古发掘项目,深入了解中国传统文化和建筑的演变,为他后来的文化遗产保护工作提供了坚实的背景。

建筑学课程和实践:梁思成在大学期间接受了系统的建筑学教育。他学习了建筑设计原理、结构力学和建筑材料等课程,并参与了建筑设计和施工实践,这培养了他的设计技能和专业素养。

古建筑保护和修复:梁思成对古建筑保护和修复表现出了浓厚的兴趣。他在大学期间参与了古建筑保护项目,学习了古建筑的结构和建造技术,这培养了他的修复和保护能力。

艺术和文化活动:梁思成积极参与艺术和文化活动。他参观艺术展览、音乐会和戏剧演出,与艺术家和文化界人士交流,这拓宽了他的艺术视野和文化修养。

人文学科研究:梁思成对人文学科表现出了浓厚的兴趣,特别是中国传统文化和哲学。他在大学期间深入研究了中国古代文化、艺术和哲学思想,加深了对中华传统的理解和把握。

## 2. 科学家艺术家于一身:理查德·费曼

理查德·费曼(Richard Feynman)是美国物理学家,以其卓越的科学成就和非凡的艺术才华而广受赞誉。

在大学期间,费曼注重培养自身的人文艺术素养,并将其与科学工作相结合。他对艺术的兴趣给他的科学工作产生了深远影响。费曼通过研究和实践绘画艺术,培养了自己的图像思维能力,这种能力使他能够形象地想象物理现象,并将其转化为数学模型和理论,推动了他在理论物理领域创新。

艺术推动创造力和想象力发展,而这两个因素对科学工作至关重要。费曼的艺术素养激发了他在物理学中的创造性思维和对新颖观点的追求,推动了他在量子物理和粒子物理领域取得重要贡献。

艺术教会了费曼如何用视觉表达复杂的概念。他将这种能力应用于科学演示和讲解,通过绘图和图像来解释抽象的物理原理,使复杂的概念更易于理解。

费曼在艺术和科学之间建立了一种跨学科的联系。他将艺术的美感和创造力融入科学研究中,拓宽了他的思维视野,帮助他发现不同学科之间的联系和交叉点。

理查德·费曼通过对艺术的学习和实践,培养了自身的人文艺术素养,并将其应用于他的科学工作中。艺术对于费曼的科学研究和创新起到了重要的推动作用,体现在创造力、想象力、图像思维和视觉表达能力等方面。他以在物理学领域的杰出贡献和独特的科学传播方式而受到广泛赞誉。

# 第五节 在完整大学生活实践中打造健康的体魄和心理素质

在完整大学生活实践中,打造健康的体魄和心理素质对于个人的成长、学习和未来的职业发展具有重要意义。一个健康的体魄可以提高学习和工作效率,增强抗压能力;良好的心理素质有助于应对挑战、处理人际关系和保持积极的生活态度。

## 1. 大学期间打造健康的体魄和心理素质

养成良好的生活习惯:保持规律的作息时间,保证充足的睡眠,合理安排学习和休闲时间。良好的生活习惯有助于保持身心健康。

均衡饮食:注意饮食健康,摄取营养均衡的食物,避免过度摄入高热量、高脂肪食物。均衡饮食有助于维持体能和提高免疫力。

进行体育锻炼:坚持体育锻炼,如跑步、打羽毛球、打篮球等。锻炼可以增强体质,提高抗病能力和抗压能力。

学会压力管理:了解自己的压力源,学会合理分析和处理压力。可以尝试运用深呼吸、冥想、心理暗示等方法缓解压力。

培养健康的心理素质:保持积极的心态,学会调整情绪,面对困难和挑战时保持乐观。心理素质的培养有助于应对生活中的挑战和压力。

建立良好的人际关系:学会与人沟通,建立稳定的社交圈,给自己提供良好的情感支持。良好的人际关系有助于保持心理健康。

参加心理健康活动:学校通常会举办一些心理健康讲座和活动,积极参加这些活动,了解心理健康知识,提高心理素质。

寻求专业帮助:在遇到心理困扰时,不要害怕寻求专业帮助,而是要咨询心理医生或心理辅老师。他们可以为你提供专业的建议和支持。

通过以上方法,你可以在大学生活中打造健康的体魄和心理素质。保持良好的身体和心理状态可以提高生活质量,使你在面对挑战和压力时更加从容自信。

大学是一个关键的人生阶段,充分利用这段时间来打造健康的体魄和心理素质,对于你的个人成长和未来发展具有重要意义。只有身心健康,你才能更好地追求梦想,实现自己的人生价值。

## 2. 著名科学家钟南山在大学期间坚持锻炼身体和心理素质的事例

钟南山,1936年10月20日出生,广州医科大学附属第一医院国家呼吸系统疾病临床医学研究中心主任,中国工程院院士,中国抗击非典型肺炎等疫情的领军人物。

钟南山在大学期间就注重强身健体,并培养了坚强的心理素质,为他事业的成功打下了基础。

钟南山注重体育锻炼,尤其是在大学期间,他积极参加各种体育运动,特别是田径运动。作为一名出色的中距离跑选手,他多次在全国比赛中取得优异的成绩,展现出卓越的体育才能和顽强的毅力。

此外,钟南山还注重培养坚强的心理素质。在医学事业中,面对许多挑战和压力,他通过自我调节,以积极乐观的态度坚持追求卓越和克服困难。

《马卡报》评论钟南山:在2003年,这位本可以成为运动员的医生,成为英雄。在抗击非典的过程中,钟南山的治疗方法得到了世卫组织的采纳,他开创性地使用了非侵入性通气技术,在舆论上他一直强调疾病的严重性,真正地成为了一名杰出人物。多年以来,钟南山体现出令人羡慕的健康水平,他经常被人拍到露出健硕肌肉,做举重训练也得心应手,篮球场也经常能见到他的身影。虽然他最后没有选择成为一名职业运动员,但几十年来钟南山一直坚持进行身体锻炼,直到现在也是如此。他说锻炼对于保持体形起着关键作用。

钟南山的强身健体和坚强心理素质为他的事业成功奠定了基础。这些品质使他能够保持身体健康、精力充沛,并在面对困难时保持积极的心态。钟南山以其在呼吸病学领域的杰出贡献而享有盛誉,特别是在非典等疫情期间,他的专业知识、坚强心理和强健体魄帮助他成为公众信赖的科学家,他为抗击疫情作出了重要贡献。

钟南山的事例展示了,在大学生活中积极参与体育活动,关注身体健康和心理素质的培养,将有助于我们在未来取得成功。在完整大学生活实践中,我们可以通过参加各种体育活动、社交活动、学术讨论和实践项目来全面提升自己。此外,保持良好的作息规律、饮食习惯和情绪管理,也有助于我们更好地应对挑战,实现个人的成长和发展。只有在全面发展的基础上,我们才能更好地实现自己的梦想,为未来的学术和职业生涯打下坚实基础。

# 教师篇

教育是社会进步的重要基石,而教师作为教育事业的中坚力量,承担着培养未来社会栋梁的责任和使命。随着时代的变迁和社会的发展,高等教育正面临着前所未有的挑战和机遇。

本书《完整大学生活实践与教育管理创新:教师篇》旨在探讨如何推动大学教育创新和改革,提升教师的专业素养和教学能力,为学生提供更加全面、优质和个性化的教育体验。在这个新时代,教师需要不断适应教育变革的需求,积极探索教育创新的路径,为学生成长成才创造更好的条件和环境。

本书的教师篇包括第五章到第十一章,涵盖了立德树人、课程体系修订、教材改革、大学课堂教学与实践教学改革、在线教育技术与精品 MOOC 课程建设、个性化学习和自适应学习,以及教师科研研发能力提升等多个重要议题。每一章都通过理论分析与实践案例结合,为教师提供了丰富的参考和启示,帮助他们更好地应对教学挑战、提升教学质量,并实现自身的教育理想。

在本书的教师篇中,我们将深入探讨教师在立德树人、课程体系修订、教材改革等方面的重要作用和创新实践。我们将介绍如何适应科技和行业发展及时修订各专业培养方案,构建具有时代背景和核心能力的课程体系,并引入先进的教育理念和教学模式。同时,我们将关注在线教育技术发展与创新,探索建设精品 MOOC 课程的核心点和特色示例,以提升教育的质量和效果。

教师在教学中的角色和教学方法也在不断变化,本书将探讨大学课堂教学与实践教学改革,包括多元化的教学形式、技术化的教学手段、学生主体性的教学模式,以及评价方式创新和教学资源共享。此外,我们还将关注个性化学习和自适应学习的重要性,并介绍不同专业群和基础课程中实现个性化学习和自适应学习的策略和案例。

最后,本书还将提出教师在科研研发能力方面的提升路径,并展望未来在线教育中教师角色的转变。教师将成为学习的设计师、指导者和支持者,积极应对教育的新挑战,引领教育创新发展。

我们希望通过本书的教师篇,为广大教师提供有益的指导和启示,帮助他们更好地适应教育变革的需求,不断提升教学水平,推动大学教育创新与发展。让我们共同努力,为培养出更多优秀人才,构建更美好的未来贡献力量!

# 第五章　立德树人凝练办学特色

## 第一节　立德树人、教书育人

**1. 立德树人和教书育人在完整大学生活实践中的重要作用**

为了给广大学生提供完整大学生活实践，大学教师首先必须树立立德树人的信念和教书育人的理念。大学教师的立德树人和教书育人是中国高等教育的重要传统和核心理念。

立德树人是指教师通过教育和引导学生，帮助学生树立正确的人生观、价值观和世界观，塑造品德高尚的人格。教书育人则是指教师在教学中不仅仅传授知识技能，更重要的是注重培养学生的创新思维能力和实践能力，提升学生的综合素质。这些理念是建立在中国古代儒家传统思想之上，被视为"教育至上、德育为先"的教育理念，旨在培养全面发展的人才。他们需要从课程内容和教学方法入手，传递正确的价值观和思想观。例如，在教授文化类课程时，教师可以引导学生深入了解传统文化和人文精神，培养爱国主义和民族自信心；在教授社会科学类课程时,教师可以引导学生思考社会问题和公共利益,培养社会责任感和公民意识。中国著名企业家马化腾曾在接受采访时表示,他在大学期间受到了一位优秀的老师的启发和帮助,认识到自己的兴趣和天赋,从而坚定了创业的决心。

教师的教书育人在完整大学生活实践中具有重要作用,体现在多个方面。教师不仅仅是传授知识的人,他们还要为学生提供更多的机会来实践所学的知识。这些机会包括实验、实训、实习、毕业设计、社会实践,等等。通过这些实践环节,学生不仅可以将所学知识应用到实际中,而且还可以获得更多的社会经验和人际交往的机会。这些经验对于学生未来的职业发展至关重要。

大学教师的教书育人能够帮助大学生掌握专业知识和技能,提升学生的综合素质和竞争力。比如,著名企业家李彦宏在大学期间曾加入一支团队,学习了人工智能的相关技术,为他后来的创业奠定了基础。再比如,著名科学家屠呦呦在大学期间系统学习了药物化学和药理学等专业知识,在后来的青蒿素研发中发挥了重要的作用。

在教书育人方面,教师们应该注重激发学生的学习兴趣和动力。他们需要根据学生的实际情况和兴趣爱好,选择合适的教学方法和教材,引导学生主动学习。例如,在教授科学类课程时,教师可以利用实验和现场考察等形式,让学生在实践中体验知识和掌握科学方法;在教授艺术类课程时,教师可以组织学生参观展览和演出,让他们感受到艺术的魅力和价值,激发学习兴趣;在教授文科类课程时,教师可以组织学生阅读优秀文学作品,开展文化探究活动,让学生在阅读中感受文化的魅力和价值。

除了在课堂教学中激发学生的兴趣,在教育过程中,教师还需要注重学生的思维方式拓展和创新能力培养。教师应该通过多种方式,如小组讨论、项目研究等,来鼓励学生发表自己的意见和想法,并在实践中尝试新的方法和思路。这些实践活动不仅可以培养学生的创新思维,也可以增强学生的团队合作能力。教师需要引导学生从课堂知识到实际应用的转化,培养学生的实践能力和创新能力。例如,在教授工程类课程时,教师可以组织学生开展工程实践项目,让他们在实践中掌握技能和方法,培养创新意识和能力;在教授商科类课程时,教师可以引导学生开展市场调研和创业规划,让他们在实践中了解市场需求和创业实践,培养创新能力。

在培养学生综合素质方面,教师也扮演着关键的角色。教师不仅是知识的传授者,更是学生综合素质的塑造者。教师要以身作则,做学生良好的榜样,规范自己的言行举止,为学生树立正确的价值观和道德观。

教师还应该关注学生的个性发展,帮助学生发现自己的优点和不足,引导他们正确地认识自我,提高自我管理能力。教师还应该鼓励学生参与各种社会实践活动,如志愿者服务、科研实践等,让学生在实践中提高自己的综合素质。

教师还需要注意学生的心理健康问题。大学是一个充满挑战和压力的阶段,许多学生会面临各种问题,如学习压力、人际关系、职业规划等。教师需要关注学生的心理状况,关注学生的情感体验和情绪管理,为学生提供必要的心理辅导和支持,给予他们适当的关怀和帮助。这不仅可以帮助学生更好地应对生活和学习中的问题,还可以让学生更加积极地面对未来的挑战。

以上这些只是教师在立德树人和教书育人方面的一部分工作,实际上还有很多具体的方面需要教师去关注。例如,教师可以通过精心设计教学活动,让学生感受到学科知识与实践的联系;教师可以通过激发学生的好奇心和探究欲望,培养学生的科研能力;教师可以通过组织学生参加各种比赛和活动,培养学生的团队合作和领导力,等等。

教师还应该注重提高自身的职业素养和教育教学能力。教师需要不断学习和探索,更新自己的知识和方法,提高教育教学质量。同时,还需要注重培养学生的综合素质,为学生提供多元化的发展机会和空间,鼓励学生参加各种实践活动和社会实践,培养学生的团队协作能力和领导能力。在学生完整大学生活实践中,教师应该充分发挥引流作用,引导学生积极参与各种实践活动,推动学生全面发展。

同时,教师应该注重学生的思想教育,引导学生树立正确的人生观、价值观和社会责任感。教师还应该重视培养学生的创新能力和创业精神,为学生提供多种创新和创业的机会和资源,鼓励学生勇于创新和创业,为社会的发展作出贡献。

## 2. 大学和教师立德树人、教书育人的事例

许多大学都注重立德树人和教书育人,加强师资队伍建设和教育教学改革,推动教育教学创新和发展。例如,清华大学推行"学术体验课程"和"志愿服务计划"等项目,旨在帮助学生发掘自身的兴趣爱好和潜力,提高学生的综合素质;北京大学实行"素质教育课程体系",培养学生的创新能力和实践能力,为学生提供

多元化的发展平台;南京大学实行"新生研讨课"和"三三课堂"等教学模式,帮助学生建立正确的人生观和价值观,提高学生的自主学习能力。

在国际上,许多大学也在不断探索和实践立德树人和教书育人的理念。例如,美国哈佛大学推行"通识教育核心课程",培养学生的综合素质和批判思维能力;英国剑桥大学强调学生的独立思考和学术探究能力,并推出一系列挑战性的学术项目和研究课题供学生研究。这些实践表明,在全球范围内,教师和大学的责任和使命是相同的,即通过立德树人和教书育人,培养具备高尚道德、综合素质和创新精神的优秀人才,为社会和国家的长期发展作出贡献。

中国大学教师立德树人和教书育人不乏典型案例。例如,曾经在清华大学任教的著名教育家陶行知,他倡导"以人为本"的教育理念,培养学生的思辨能力、创新能力和社会责任感等素质,对当时的教育产生了重要的影响。他在课堂上讲授哲学、文学、政治、历史等多个学科,并注重培养学生的实践能力和领导能力。在他的影响下,很多学生进入了教育、文化、政治等领域,并取得了卓越的成就。

著名的计算机科学家、清华大学教授姚期智,他在大学教学中强调实践教学和开放式教学模式,鼓励学生开展科研项目和参加国际科技大赛,为学生的专业发展提供了很好的支持。他的教学理念和教学方法对于培养中国的计算机科学人才产生了巨大的影响。

这些案例说明了大学教师立德树人和教书育人对于大学生完整大学生活实践的重要作用。通过对学生进行全面的培养,包括知识、技能、素质等多个方面的提升,使得学生具备了成为未来领导者和杰出人才的潜力和能力。同时,这也为国家和社会的发展做出了积极的贡献。

大学教师作为高等教育的主要组成部分,肩负着立德树人和教书育人的重任。在完整大学生活实践中,教师应注重学生的全面发展,引导学生掌握专业知识和技能,提高创新能力和团队领导力,培养人文艺术素养,强健体魄和心理素质,以及参与各种实践活动,使大学生们将能够更好地迎接未来的挑战,实现自身的人生价值。同时,教师的角色也是至关重要的,他们不仅需要注重提高自身的职业素养和教育教学能力,还要关注学生的个性发展和培养学生的创新精神。只有这样,才能真正实现教育的目标,培养出更多的优秀人才,为社会的发展和进步作出更大的贡献。

第五章 立德树人凝练办学特色

 ## 第二节 按照科技和行业发展及时修订各专业培养方案

为了凝练办学特色，必须制定和及时修订专业培养方案，这是高等教育教学管理中的一项重要任务，也是确保高等教育质量、培养合格人才的重要保障之一。在制定和修订专业培养方案时，需要注意6个方面。

**1. 关注时代背景和科技发展趋势**

随着科技的不断发展和行业的变化，许多传统的职业正在逐渐被取代或淘汰，新的职业也不断涌现，培养方案也应相应地进行调整和改进。应及时关注当前的科技发展趋势和行业变化，针对性地制定或修订培养方案，不断优化和更新教学内容和模式，培养出更多符合市场需求的专业人才，能够适应未来的职业发展。例如，在信息技术领域，随着人工智能、大数据等新兴技术的发展，原有的专业技能已经不能满足市场的需求。因此，不少高校在制定和修订相关专业培养方案时，都加入了人工智能、大数据等前沿技术的相关内容，以培养更具有创新能力和市场竞争力的毕业生。

**2. 确定培养目标和核心能力**

在制定或修订培养方案时，应明确该专业的培养目标和毕业生的核心能力。培养目标应符合国家和社会发展需要，并能够满足学生个人发展需求。通过分析社会发展趋势和行业需求，确定本专业的培养目标，为后续的课程设计和教学内容提供方向。核心能力应包括专业知识和技能，以及综合素质和创新能力等方面。

专业的核心素养和职业能力是培养方案的重要内容，应该结合行业需求和科技发展趋势，确定学生需要掌握的知识、技能和能力。例如，在计算机科学领域，学生需要掌握编程语言、算法设计和软件开发等技能，同时也需要具备解决问题和创新的能力。因此，培养方案应该注重学生的实践能力和创新能力培养。

### 3. 建立专业课程体系

制定专业培养方案要建立相应的课程体系。不同专业的课程设置可能存在很大差异，但应保证主干课程和基础课程的完整性和连贯性，以确保学生掌握必要的专业知识和技能。

### 4. 引入先进教育理念和教学模式

在制定或修订培养方案时，可以考虑引入先进的教育理念和教学模式，如问题驱动式教学、项目驱动式教学等，以提高学生的学习兴趣和自主学习能力。随着科技的不断发展和教学模式的不断创新，教学内容和模式需要不断更新和优化。例如，在教育领域，虚拟现实和增强现实技术应用已经成为各类教学的趋势，培养方案也需要考虑到这些新的教学模式和技术应用。

### 5. 加强实践教学环节

掌握理论知识是成为专业人才的基础，但实践教学同样不可忽视。在制定专业培养方案时，应充分考虑实践教学环节，如实验、实训、实习等，加强实践教学环节设计和组织，让学生在实践中获得更多的知识和技能。针对当下社会发展与技术变革，专业课程安排应该结合实践、案例、问题等，通过团队协作、独立思考、创新实践等方式，培养学生的实践能力、创新能力、解决实际问题的能力，从而使其具备更强的就业竞争力。

### 6. 加强职业素养和综合素质教育

除了专业知识和技能外，还需要注重学生的职业素养和综合素质教育，如领导力、沟通能力、创新思维、团队协作、社会责任感等，以提高学生的综合素质和职业竞争力。

在制定和修订专业培养方案时，应密切关注时代发展趋势和社会需求，注重学生综合素质培养，强调实践教学，同时还需要与相关行业和企业保持紧密联系，不断优化和更新教学内容和模式，以培养出更多高素质的专业人才。

除了以上内容外，制定和修订专业培养方案还需要考虑到国家和地方的政策法规、社会需求等因素。只有在全面考虑各方面因素的基础上，才能制定出更加科学合理、符合实际需要的专业培养方案，为学生的未来发展提供更加有力的支持。

# 第六章 课程体系修订和示例

## 第一节 新工科领域课程体系修订的重点方向

随着现代科技和行业的发展,大学专业课程体系需要不断地修订和更新,以适应日益变化的职业环境和人才需求。在修订大学专业课程体系时,应关注三个主要方面和具体措施。

**1. 加强实践性课程**

新工科领域的实践性课程包括机器人、智能制造、云计算、大数据、物联网等。具体措施包括:

增加实习、实训等实践性课程的学时和权重,如机器人控制实验、智能制造实训等,让学生在实践中掌握相关技能。

加强实践性课程的课程设计,提高实践性课程的实用性和针对性,如基于物联网的智能家居实验课程设计。

建立实践基地、实验室等实践平台,如智能制造实验室、大数据分析实验室等,为学生提供实践机会。

**2. 设置跨学科课程**

新工科领域的跨学科课程包括人工智能与机器学习、智能交通、数字化营销等。具体措施包括:

加强跨学科课程设置,如人工智能与机器学习、智能交通、数字化营销等,让学生在课程中接触到不同学科的知识和技能。

提高跨学科课程的质量,如建立人工智能与机器学习课程团队教学模式,让不同学科的教师合作授课。

整合跨学科课程的教学资源,如在线课程、课程项目等,为学生提供跨学科学习和实践的机会。

**3. 应用数字化技术**

新工科领域的数字化技术包括云计算、大数据、人工智能、物联网等。具体措施包括:

设置数字化技术课程,如云计算技术、大数据分析、人工智能技术等,让学生掌握数字化技术的知识和技能。

整合数字化技术教学资源,如在线课程、实验室等,为学生提供数字化技术学习和实践的机会。

加强数字化技术与行业结合,让学生了解数字化技术在不同行业中的应用和发展趋势。

例如,针对实践性课程加强,在智能制造领域可以设置如下实践性课程:

机器人控制实验:让学生掌握机器人控制的基础知识和技能,为智能制造提供人工智能支持。

智能制造实训:让学生了解智能制造的概念和基本技术,掌握智能制造过程中的数据分析、优化和自适应控制等技术。

3D 打印实验:让学生掌握 3D 打印的基础知识和技能,为智能制造提供快速成型和小批量定制支持。

以上是修订大学专业课程体系中应关注的几个主要方面和具体措施以及新

工科的实例。这些方面和措施都旨在提高大学专业课程体系的实用性和针对性，让学生能够更好地适应职业环境和人才需求。

## 第二节　人文学科课程体系改革措施

一些人文知识点较多的专业，例如工程管理、财务管理、工商企业管理、现代教育、现代物流管理等，其课程体系改革的具体措施涉及多个方面。

加强工程项目管理专业实践性课程设置，如工程项目管理实战、施工现场管理等，让学生在实践中掌握项目管理的技能；强化跨学科的课程设计，如工程与经济结合、工程与法律结合等，让学生能够了解不同学科领域的知识；增加工程项目管理软件教学和应用，如项目管理信息系统、BIM等，让学生能够掌握工程项目管理的数字化技术。

加强财务管理专业实践性课程设置，如财务报表分析、投资决策实战等，让学生在实践中掌握财务管理的技能；提高跨学科课程设置比例，如财务管理与信息技术、财务管理与法律等，让学生了解不同学科领域的知识；增加财务管理数字化技术应用，如财务管理信息系统、数据分析等，让学生掌握数字化技术在财务管理中的应用。

加强工商企业管理专业企业实践性课程设置，如创业实战、企业运营管理等，让学生在实践中掌握企业管理的技能；强化跨学科的课程设计，如工商企业管理与法律结合、工商企业管理与市场营销结合等，让学生了解不同学科领域的知识；加大企业管理数字化技术应用，如企业管理信息系统、数据分析等，让学生掌握数字化技术在企业管理中的应用。

加强现代教育专业实践性课程设置，如教育实践、教育心理学实验等，让学生在实践中掌握教育管理和教育教学的技能；加强跨学科课程设置，如现代教育技术与教学、教育管理与法律等，让学生了解不同学科领域的知识；强化教育数字化技术应用，如教育信息化技术、虚拟教学环境等，让学生掌握数字化技术在教育中的应用。

加强现代物流管理专业实践性课程设置，如物流信息管理、仓储物流管理等，让学生在实践中掌握物流管理的技能；强化跨学科的课程设计，如物流管理与供应链管理、物流管理与信息技术等，让学生了解不同学科领域的知识；加大物流数字化技术应用，如物流信息系统、物流数据分析等，让学生掌握数字化技术在物流管理中的应用。

## 第三节　部分专业群课程体系修订方向示例

### 1. 计算机类专业群课程修订的重点方向

计算机科学与技术、软件工程、软件技术、计算机网络技术、大数据管理与应用、大数据技术等专业课程体系修订重点方向：

计算机科学与技术及其相关专业需要加强人工智能、机器学习、深度学习等课程的教学，同时也应注重云计算、边缘计算、分布式计算等领域的教学。

软件工程、软件技术等专业需要强化软件开发和项目管理的实践能力，包括敏捷开发、DevOps、持续集成、持续交付等。

计算机网络技术和相关专业需要加强网络安全、移动互联网、物联网等领域的教学。

大数据管理与应用和大数据技术专业需要注重大数据存储和处理技术、数据挖掘、机器学习等方面的教学。

### 2. 电子信息与电气工程类专业群修订重点方向

电子信息工程、电子信息工程技术、应用电子技术、智能控制技术、建筑电气工程技术等专业课程体系修订重点方向：

电子信息工程和相关专业需要加强物联网、5G 技术、网络安全等方面的教学。

电子信息工程技术和应用电子技术专业需要注重集成电路设计、嵌入式系统设计、数字信号处理等领域的教学。

强化实验教学,注重电子系统设计和开发的实践能力。

强化创新能力,培养学生对未来技术趋势的预测能力,以及解决实际问题的能力。

电气工程及其自动化和相关专业需要注重新型电气技术、电力系统安全和稳定运行等方面的教学。

智能控制技术专业需要强化自动化控制、智能化制造、机器视觉、自动化装备等方面的教学。

建筑电气工程技术需要注重新型建筑电气设备、建筑电气系统分析实践环节等方面的教学。

**3. 机械类专业群修订重点方向**

机械设计制造及自动化、机械制造及自动化、机电一体化、智能制造工程、工业机器人、机械电子工程和机电技术教育等专业课程体系修订重点方向:

机械设计制造及自动化和相关专业需要加强智能制造、工业 4.0、数字化工厂等方面的教学。

机电一体化专业需要强化电气控制、机械传动、机电系统设计等方面的教学。

智能制造工程和工业机器人专业需要注重机器人技术、人机协作、人工智能等领域的教学。

强化实践应用,注重机械设计和制造的实践能力,以及机械自动化和智能制造的实际应用。

强化创新能力,培养学生对未来技术趋势的预测能力,以及解决实际问题的能力。

机械电子工程专业需要融入最新的 CAD/CAM 技术、3D 打印等前沿技术,引入物联网基础、传感器网络、人工智能基础等方面的教学,培养学生在智能制造和智慧工厂领域的应用能力。

机电技术教育专业需要更加符合现代工程技术和教育技术的发展需求,增加自动控制原理、PLC 控制技术、传感器与检测技术等方面的教学,重视工业控制和智能制造技术的应用。

**4. 土木建筑类等专业群修订重点方向**

土木工程、道路与桥梁工程技术、建筑工程管理、建筑工程监理、建筑室内设计、风景园林设计、水利水电工程等专业课程体系修订重点方向：

土木工程和相关专业需要加强 BIM 技术、数字化建筑、建筑信息模型等方面的教学。

道路与桥梁工程技术专业需要注重现代交通工程技术和规划、新型材料、先进制造技术等方面的教学。

建筑工程管理和建筑工程监理专业需要强化工程管理、工程监理等方面的实践能力。

建筑室内设计和风景园林设计专业需要注重绿色建筑、智能建筑、节能环保等方面的教学，同时也应强化创新能力，培养学生的设计思维和解决问题的能力。

水利水电工程和相关专业需要加强水力学、水电站建设和管理、水资源保护和管理等方面的教学。

### 5. 管理类专业群修订重点方向

工程管理、工商企业管理、现代物流管理、连锁经营与管理、电子商务、公共文化服务与管理等专业课程体系修订重点方向：

工程管理和相关专业需要注重工程项目管理、风险管理、成本管理、质量管理等方面的教学。

工商企业管理和现代物流管理专业需要加强供应链管理、物流管理、质量管理、市场营销等方面的教学。

连锁经营与管理专业需要强化连锁业态设计、连锁品牌管理、供应链管理等方面的教学。

电子商务和相关专业需要注重电商模式、电商平台开发和运营、电商大数据分析等方面的教学。

公共文化服务与管理专业需要加强公共文化传播、文化活动组织与管理、公共文化政策研究等方面的教学。

### 6. 财务管理类专业群修订重点方向

财务管理、会计信息管理、大数据与会计、工程造价等专业课程体系修订重点方向：

财务管理和相关专业需要加强财务分析、投资管理、风险管理等方面的教学。

会计信息管理和大数据与会计专业需要注重财务会计、管理会计、成本会计等方面的教学,并注重数据分析、数据挖掘等技术的应用。

工程造价专业需要强化成本估算、工程造价管理、投标与谈判等方面的教学,并注重工程项目管理和风险管理的实践能力。

### 7. 教育类专业群修订重点方向

现代教育技术学前教育、英语等专业课程体系修订重点方向:

现代教育技术专业需要注重教育技术与教学设计、在线课程设计和开发、远程教育技术等方面的教学。

学前教育专业需要强化幼儿教育理论、幼儿心理学、儿童文学等方面的教学,并注重幼儿园管理和课程设计的实践能力。

英语专业需要注重语言学理论、英美文学、跨文化交际等方面的教学,并注重语言实践和教学设计的实践能力,学习新兴技术,包括在线学习、语音识别、机器翻译等。

各个专业群中的专业需要注重创新能力培养,注重实践教学,以应对现代科技发展和市场对专业人才的需求。同时,注重跨学科知识融合,使学生具备多方面的技能和知识背景,为未来的发展打下坚实的基础。

# 第七章 教材改革方向

## 第一节 教材改革突出实践性、前沿性、创新性、多样性

**1. 教材应该更加注重实践**

教材应该更加突出实践性,注重学生的实际操作和实验练习。教材设计应该紧密结合实际工程和行业应用,让学生在实践中掌握实用技能。例如,在电气专业教材中,可以设置如下实践性内容:

电路实验:通过电路实验让学生掌握电路的基本知识和技能。

电子设计竞赛:通过电子设计竞赛让学生参与实际项目和应用,锻炼综合实践能力。

电气工程项目实践:通过参与电气工程项目实践,让学生掌握电气工程项目管理和实践操作技能。

例如,在财务专业教材中,可以设置如下实践性内容:

财务报表分析实战:通过实际财务报表分析案例,让学生掌握财务报表分析的基本技能。

投资决策实践:通过实际投资案例,让学生掌握投资决策的技能。

企业管理案例分析:通过企业管理案例分析,让学生了解企业管理实践中的具体问题和解决方法。

**2. 教材应该更加注重前沿技术和创新**

教材应该更加重视前沿技术和创新,关注行业新趋势、新模式和新技术。教材应该及时更新和补充新内容,让学生了解最新的理论和应用。例如,在现代教育专业教材中,可以设置如下前沿和创新内容:

教育数字化技术:通过教育数字化技术课程,让学生了解教育数字化技术应用和发展趋势。

个性化教育:通过个性化教育课程,让学生了解个性化教育的实践模式和应用效果。

针对新工科专业群,教材应该更加重视前沿技术和创新,关注行业新技术、新发展和新趋势。教材应该及时更新和补充新内容,让学生了解最新的技术和应用。例如,在计算机专业教材中,可以设置如下前沿和创新内容:

量子计算:通过量子计算课程让学生了解量子计算的基本原理和应用。

人工智能:通过人工智能课程让学生了解人工智能应用和发展趋势。

区块链:通过区块链课程让学生了解区块链的基本原理和应用。

**3. 更加丰富的教材形式**

教材应该更加丰富,包括教材形式的多样性和多媒体技术应用。教材应该具有更多的图表、图片、视频等形式,让学生更加直观地理解和记忆知识点。例如,在英语专业教材中,可以设置如下丰富的形式:

影视资源:通过影视资源,让学生更加直观地理解和掌握英语语言的应用和文化。

听力口语训练:通过听力口语训练课程,让学生更加熟练地运用英语口语和提升听力技能。

在线英语学习平台:通过在线英语学习平台,让学生能够在不同时间和空间自主学习英语。

## 第二节 教材改革示例

教材的创新是内涵建设的重要环节。

先举个例子。许多人对大学课程的记忆是,当学习特定的理论知识时,往往无法了解这些理论知识与后续课程的关联,更无法知晓这些理论知识的应用领域。另一个例子是,尽管许多大学生的基础理论知识很扎实,但他们在科研领域中的研究能力却严重不足,更别提创新的技术研发能力了。实际上,许多在国内外有突出创新成就的科学家和企业家,都是首先具备了跨学科的知识结构,并在此基础上形成了强烈的创新意识。

实际的科研和技术研发,尤其是在具体行业的职业技术岗位上,往往只运用到较少的特定知识和技能。然而,创新思维和创造能力却源于在大学时期对交叉、复合的理论与应用知识的掌握,这需要通过无数案例学习逐步培养。因此,在掌握扎实的专业基础知识的同时,首先要了解知识应用的领域和方法,掌握交叉、复合集成应用的方法。这对于应用型本科生和高职本科生尤其重要。

例如,在高职和高专的教材中,有这样一种现象,即他们往往继承了普通本科的理论体系,只是减少了学习范围,另外增加了一些单一技能的实践。这对许多基础相对薄弱的学生来说,往往在理论学习上有很大的困难,甚至影响他们的学习信心和积极性。此外,由于他们在学习过程中缺乏对复合技能的学习和对交叉知识的理解,专业知识面狭窄,使得他们在就业市场上的竞争力大打折扣,其就业范围和职业适应性也会受到较大的影响。

以下示例中的一些教材改革,针对现有教材中理论与实践脱节、内容陈旧、缺乏交叉知识和复合技能的问题,对所有新教材进行了以下几个方面的改进:

精化理论,拓展交叉知识;强化实践,复合或集成技能。

重视应用,覆盖行业领域;拓展视野,引入最新科技。

因材施教,增强创新能力;双师培养,促进产教融合。

三教改革,助力企业转型。

新教材结合最新的技术发展,详述各专业群课程的交叉核心知识、复合集成

第七章　教材改革方向

技能的培养方式,以及创新思维和合作精神及领导力的培养途径,引入了最新科技,通过大量案例覆盖了几乎所有应用行业,帮助学生拓宽视野,为他们调整职业规划提供了指导。

下面以作者参与的二个系列教材改革为例。

## 1. 通识教育系列教材改革示例

这部分系列教材的改革主要是突出专业交叉知识和复合应用技能,大幅度增加专业知识和应用技能在相关行业的应用案例,作为相近专业的基础通识课程。

例如,《高新科技中的计算机应用》,该教材涉及的新工科专业知识点,主要针对新兴产业,以互联网和工业智能为核心的知识,包括大数据、云计算、人工智能、区块链、虚拟现实、智能科学与技术等相关工科专业知识。新工科专业是以智能制造、云计算、人工智能、机器人等课程对传统工科专业的升级改造,培养未来新兴产业和新经济需要的实践能力和创新能力强、具备国际竞争力的高素质复合型新工科人才。

该教材结合高新科技新兴产业与新工科发展,以最新信息技术在其中的应用状况和案例为重点内容,以产业和行业为序,介绍了机械设计与制造、建筑工程、道路桥梁、能源与动力、材料工程、生态环境工程、航空航天、医疗、财经、现代教育、融媒体、电子工业、艺术科技、互联网、物联网、大数据、人工智能与机器人等17个产业中的计算机信息技术的主要应用,将计算机专业知识及其应用的方法、常用软件,通过科学计算、数据处理、过程控制、计算机辅助设计、人工智能、网络应用等分别融入实例,着重突出重要汇编语言的编程代码演示。

该教材作为本专科学生计算机应用基础通识课程的教材,其编写目的包括三个方面,一是让学生了解计算机在各行业中的应用状况;二是使学生初步掌握计算机应用基础和常用语言,熟悉主要的常用专业软件;三是为毕业生在就业和创业时学习和检索计算机应用提供一本工具书。在讲授时可按照行业和专业分章节授课,也可按照计算机课程和软件等进行检索教学。

## 2. 工科基础课系列教材改革示例

这个系列教材改革的思路是"概念+应用+实践+交叉+创新",以适应科技转型中急需应用型人才的要求。该系列教材倡导实践教学,鼓励学生跨越学科界限,激发创新思维,提高学生的学习动力。

例如,《概念机械力学》,该教材改革的目标是提供一本深入而全面的机械工程指南,帮助学生探索和理解机械力学这一复杂而重要的领域。

该教材改革的特点和创新主要体现在四个方面。

全面性:《概念机械力学》覆盖机械力学的所有主要领域,包括流体力学、热力学与统计力学、电磁学、自动化与智能制造、机械力学与工业控制,以及机器人技术。该教材全面深入地探讨了每个主题,包括其基础理论和最新的发展趋势。

深入性:在每个主题下给出具体的实例分析,展示这些理论知识在实际工程中的应用。用最直观和易于理解的方式解释这些复杂的概念,让读者能够深入理解并应用所学知识。

创新性:对机械力学的未来发展作出展望。该教材探讨了新材料、新技术、智能制造和工业4.0等领域的未来趋势,希望能够激发学生对未来机械工程领域的想象力,并为他们的职业生涯做好准备。

实用性:写作风格注重实用性。作者力图避免过于专业或复杂的语言,使得不同背景的读者都能理解并从中受益。

再例如,《科技应用实践数学》为读者提供了微积分、线性代数、复数与复变函数、概率论与统计学以及其他重要数学主题,强调数学的实际应用,并将其与科技领域中的实际问题相结合。

该教材从基础到高级,按照实际需要,由浅入深地安排了各种数学主题。前三章涉及微积分的基本概念与应用,包括函数与极限、导数与微分、定积分以及微分方程等内容。接着介绍线性代数的核心内容。然后探讨更高级的数学主题,如概率论与统计学、复变函数等,并在最后一章深入讨论复数与复变函数的概念与性质。每一章都包含了丰富的案例研究、实际应用示例以及习题与思考题,旨在帮助读者将数学概念应用到实际问题的解决中。这种从实践中学习数学、用数学解决实际问题的方法,将使数学学习变得更加生动和有意义。

# 第八章 大学课堂教学与实践教学改革

## 第一节 大学课堂教学形式与方法改革

大学课堂教学形式和方法改革是提高教学质量和适应时代发展需求的重要举措。改革涉及多个方面。

### 1. 多元化的教学形式

多元化的教学形式是大学课堂教学的一个重要改革方向。传统的课堂教学主要以授课为主，缺乏互动和实践。多元化的教学形式可以包括课堂讨论、小组讨论、演讲、案例分析、课外实践等，这些形式可以让学生更加积极地参与教学过程，提高实际操作和解决问题的能力。

### 2. 技术化的教学手段

技术化的教学手段是大学课堂教学改革的另一个方向。随着信息技术的不断发展，大学教学可以借助现代科技手段来提高效率和效果。例如，网络直播、视频教学、在线课程、电子书等技术手段可以为学生提供更加便捷的学习途径,让教学更加灵活和高效。

### 3. 学生主体性的教学模式

学生主体性的教学模式是大学课堂教学改革的另一个重要方向。在传统的教学模式中,教师是主导者,学生是被动接受者,这种模式已经不能满足现代教学的需求。学生主体性的教学模式可以采用探究式、研究式、问题式等多种方式来引导学生参与教学过程,提高学生的学习兴趣和主动性。

### 4. 评价方式的创新

评价方式的创新也是大学课堂教学改革的一个重要方面。传统的评价方式主要依靠考试和论文,这种方式过于简单粗暴,忽略了学生的个性化需求和实际表现。评价方式创新可以采用多种方法,如考勤、实验报告、小组项目等方式来评价学生的学习情况,这些方式更加贴近学生的实际表现和实际需求。

### 5. 教学资源共享

教学资源共享是大学课堂教学改革的另一个重要方面。在传统的教学模式中,教师主要依靠自己的教学资源来进行授课。但现在的教学环境要求更多的教学资源共享,包括教案、课件、实验指导书、习题集等。教学资源共享可以提高教学效率和质量,让教师更加便捷地获取教学资源,提高教学水平和教学质量。关于教学资源共享,后续章节还会详细研讨各专业群大规模公开课程(MOOC)的建设步骤和方法。

大学课堂教学形式和方法的改革是大学教育发展的必然趋势。通过多元化的教学形式、技术化的教学手段、学生主体性的教学模式、评价方式创新和教学资源共享等方面的改革,可以提高大学课堂教学的实用性、针对性和灵活性,让学生更好地适应职业环境和满足人才市场的需求,为未来的职业发展打下坚实的基础。

第八章　大学课堂教学与实践教学改革

## 第二节　实践教学各个环节的改革要点

实践教学环节是大学教育中非常重要的一部分，对于学生的职业发展具有重要的影响。实践教学环节的改革要点包括实验课、模拟仿真、实训、实习、毕业设计等方面。

### 1. 实验课要强调优化教材和改进环节

实验课是教育教学中不可或缺的一部分，它可以通过实际操作加深学生对理论知识的理解和掌握，提高学生的实践能力。针对实验课的改革要点如下：

实验教材优化

学校需要及时更新和优化实验教材，确保实验教材与最新的科技进展和学科前沿相匹配。同时，学校还可以根据学生的实际情况和课程需求，结合实际情况开发或收集相关实验案例。

实验环节改进

实验环节是实验课的核心，学校可以采用多种方式，如利用新技术、虚拟实验等，让实验更加贴近实际情况，提高实验效果和实践能力。

以计算机科学与技术专业为例，学生在学习计算机组成原理等课程的实验课上，可以通过模拟器、开发板等技术手段来完成实验操作，更加贴近实际应用情况，增强实验效果和提高学生的实践能力。

### 2. 模拟仿真要将多种方式和虚拟仿真相结合

模拟仿真是实践教学中的另一种形式，它可以通过虚拟仿真环境来模拟实际情况，让学生更好地掌握实用技能和专业知识。针对模拟仿真的改革要点如下：

多种仿真方式应用

学校可以采用多种仿真方式，如虚拟现实、云计算、智能化等，让学生更加全面地了解行业应用和技术发展，提高实践能力和增强实用性。

建立虚拟仿真实验室

建立虚拟仿真实验室可以提供更加全面和高质量的实践环境。学校可以利用虚拟仿真技术和实验室设备,为学生提供更加真实、丰富的实践体验和实用技能培训。

以机械设计与制造及自动化专业为例,学生在学习CAD、CAE等课程时,可以通过虚拟仿真环境来进行实践操作和练习,以掌握相关实用技能和专业知识。

### 3. 实训要重视行业对接和基地建设

实训是大学教育中的一种重要实践教学形式,它可以通过模拟实际工作环境和工作流程,让学生更加深入地了解行业需求和职业要求。针对实训的改革要点如下:

行业需求与学科发展对接

学校需要根据行业需求和学科发展,及时更新和调整实训课程内容和设置,注重学生的实践操作和练习,提高实践能力和实用性。

建立实训基地

学校可以建立实训基地,为学生提供更加真实的实践环境和资源支持,让学生更好地掌握实用技能和专业知识。实训基地可以通过合作、建设或租赁等方式来实现。

以现代教育技术专业为例,学生在学习教育技术开发、课件设计等课程时,可以通过教育技术实验室等实训基地,实践操作和练习,掌握教育技术开发的实用技能和专业知识。

### 4. 实习管理与课程开设

实习是大学教育中重要的实践教学形式之一,它可以让学生了解行业实际工作情况,提高实践能力和职业素养。针对实习的改革要点如下:

加强实习安排和管理

学校需要加强实习单位和实习过程监管,确保实习内容和实习环境符合要求。同时,学校需要注重实习单位选择和评估,确保实习单位具有良好的信誉和实习条件,让学生真正从实习中受益。

开设实习课程

开设实习课程是提高实习环节效果的重要手段。通过实习课程教学,可以让学生了解实习的目的和意义,掌握实习的基本方法和技巧,提高实习效果和实践能力。

以土木工程专业为例,学生在进行实习过程中可以结合所学理论知识,从事建筑工程、桥梁工程等领域的实践操作和练习,提高实践能力和职业素养。

### 5. 开展项目式毕业设计和注重应用价值

毕业设计是大学教育中的重要环节,可以让学生综合运用所学知识和技能,完成一个完整的项目设计或研究。针对毕业设计的改革要点如下:

开展项目式毕业设计

学校可以采用项目式毕业设计的方式,让学生更加贴近实际工作情况,综合运用所学知识和技能,完成一个实用的项目设计或研究。

注重实际应用价值

毕业设计需要具有实际应用价值,能够解决实际问题和满足市场需求。学校需要注重毕业设计的实际应用价值和市场前景,为学生提供更加有价值的毕业设计课题和项目。

以机械设计与制造及自动化专业为例,学生在进行毕业设计时,可以结合实际行业需求,完成机械设计、制造和自动化控制等方面的项目,提高实践能力和综合素质。

实践环节是大学教育中不可或缺的一部分,对于学生的职业发展具有重要的影响。实践环节改革需要以学生为中心,注重实践操作和练习,增强实践效果和提高实践能力,帮助学生更好地适应职业环境和满足人才市场的需求,为未来的职业发展打下坚实的基础。

# 第九章 在线教育技术与精品MOOC课程建设的重要步骤和特色示例

## 第一节 在线教育技术发展与创新

**1. 在线教育技术的现状与发展**

在线教育的历史与发展经历了多个阶段,每个阶段都伴随着通信技术、计算机技术和互联网技术的持续进步和创新。从早期的远程教育、通信教学、电脑辅助教学(CAI)、开放大学,到互联网时代的在线教育平台、学习管理系统(LMS)、大规模开放在线课程(MOOC)、移动学习以及混合式学习等,这些发展阶段为全球范围内的学习者提供了便捷的学习途径,让优质教育资源更广泛地惠及更多人群。

同时,在线教育发展为教育公平、教育创新和教育改革提供了新的机遇。通过在线教育,我们可以弥补地域和社会阶层之间的教育鸿沟,促进教育公平。在线教育还推动了教学方法和教育模式创新,例如翻转课堂、个性化学习和自适应学习等,提高了教育质量和学习效果。

在线教育的技术基础是通信技术、网络技术和软件技术等各种技术的综合应用。通信技术为远程教育和在线教育提供了传输手段,网络技术为教育资源共享和交流提供了平台,软件应用如学习管理系统、MOOC平台、移动应用、人工智能等则为在线教育提供了更为丰富和智能化的教学环境。

具体而言,远程教育、开放大学是在线教育的先驱,诞生于计算机和通信技术发展的相对较早的时期。网络技术快速发展为在线教育提供了更为广泛和便捷的资源和平台,学习管理系统则为教育机构提供了管理和组织在线教育的工具,MOOC平台更是将在线教育的规模和范围扩大到全球。移动技术普及使得在线教育进入了移动学习时代,学习者可以通过移动应用随时随地进行学习。人工智能技术发展为在线教育带来了更为智能化和个性化的教学方式,例如智能老师等应用。虚拟现实和增强现实技术则为在线教育提供了沉浸式和交互式的学习体验,例如AR实验室等应用。社交媒体和协作工具为在线教育提供了便捷的交流和协作渠道,例如微信公众号、Slack等应用。开源技术为在线教育提供了丰富的教学资源和工具,例如开源软件平台和开源工具等。

在未来,随着新兴技术如5G、物联网、区块链、人工智能等的发展,我们有理由相信在线教育将继续发挥重要作用,推动教育持续变革。这些技术将使在线教育更加高效、智能和个性化,为学习者创造更优质的学习体验。

## 2. 在线教学设计

学习目标:在线教学设计应该以学习目标为基础,明确学生需要掌握的知识、技能和能力。学习目标应该具体、可衡量、与课程内容紧密相关。学习目标制定有助于教师设计教学活动,评估学生的学习成果。

课程内容:在线教学的课程内容应该紧密围绕学习目标展开,符合学生的年龄、水平和兴趣。教师应该设计具有挑战性的课程内容,鼓励学生思考和创造。课程内容呈现应该简洁明了、易于理解,同时需要充分考虑学生的感受和反馈。

教学资源:在线教学的教学资源包括课程资料、教学视频、教学PPT、练习题、作业等。教师应该选择适合学生的教学资源,保证资源的质量和有效性。教学资源的呈现方式应该多样化,以满足不同学生的学习需求。

学习评估:在线教学的学习评估应该针对学习目标进行,采用多种评估方式,包括测验、作业、实验、项目等。教师应该及时对学生的学习成果进行反馈和评估,以便于调整教学策略和提高学生的学习效果。

在线互动：在线教学互动是教学设计的重要组成部分，它能够促进学生参与和提升学习效果。在线互动方式包括讨论、问题解答、小组活动等。教师应该设计有效的在线互动方式，引导学生主动参与教学过程，建立良好的师生互动关系。

### 3. 在线教学方法

基于任务的学习：基于任务的学习是一种重视学生实践能力的教学方法，它强调学生通过完成任务来掌握知识和技能。在线教学中，教师可以通过设计各种任务，如文献阅读、案例分析、实验模拟等，来引导学生学习和思考。同时，教师还应该提供必要的支持和反馈，帮助学生克服困难和提高学习效果。

协作学习：协作学习是一种通过合作完成任务和解决问题的学习方法，它能够促进学生交流和提高合作能力。在线教学中，教师可以通过设计小组活动、项目实践等方式来促进学生协作学习。教师还可以利用在线工具，如论坛、协作编辑工具等，促进学生之间的交流和合作。

自主学习：自主学习是一种鼓励学生主动探索和学习的教学方法，它强调学生的学习主动性和自主性。在线教学中，教师可以通过设计自主学习任务、提供学习资源等方式来鼓励学生主动学习。同时，教师还应该提供必要的指导和反馈，帮助学生克服困难和提高学习效果。

个性化学习：个性化学习是一种根据学生的学习需求和兴趣，提供个性化学习资源和学习路径的教学方法。在线教学中，教师可以通过分层教学、自适应学习平台等方式让学生进行个性化学习。同时，教师还应该及时收集学生的学习数据和反馈，为其个性化学习提供支持和反馈。

在线教学设计和教学方法应该根据学生的需求和特点，结合教学目标和课程内容，采用多种教学方法和工具，提高学生的学习效果和教师的教学效果。

## 第二节 上海交大"计算机科学导论"课程示例

与面对面上课不同，线上教学的难点之一就是如何实现教学互动，上海交通大学电子信息与电气工程学院计算机系高晓沨教授对此做了一个很好的示范。高晓沨老师的"计算机科学导论"课程的教学设计十分精细、完整，该课程采用了多样化的教学手段和精细化的课程设计，充分体现了以学生为中心的教学理念，向我们展示教师如何作为学生思维的导航员，引导学生由浅入深，以及如何激发学生的思维，让学生在参与过程和互动过程中学习。

### 1. 关注基于教学规律的线上教学互动

高晓沨老师的教学设计体现了研究导向，关注基于教学规律的线上教学互动研究，对互动类型、学生类型进行了深刻分析，建立在线教学互动框架，这有益于之后的教学设计深化。尤其是高老师根据不同年级学生的特点总结出的不同的互动方式，对我们很有启发。

### 2. 课堂教学方式多样化，每个环节都融入适切的教学互动

课堂教学有许多方式，好的教学在形式上不是单一的。高晓沨老师的"计算机科学导论"课程的教学设计综合运用了多种教学方式，比如启发式、研讨式、项目式、互动式以及游戏教学等，每个环节都融入适切的教学互动。

### 3. 互动建立在对学生的深入了解上

此门课程处处体现以学生为中心，比如在开课前开展对学生的调查，涉及学生的学科和背景知识、学生认为的重要性排序和学生想要学到什么等，根据学生的特点和需求设计教学大纲，处处体现教学互动，教学过程即互动过程。

除此之外，互动环节的每一个步骤也体现着以学生为中心的理念，比如为什么三人一组和展示为15分钟的考虑、选题如何分配、报告后收尾工作、投票方式与匿名反馈、奖项设置等，这些都不是拍脑袋想出来的，而是在根据实践中的教学效果和学生反馈，不断分析完善得出的。以明确而详细的说明、清晰又有趣的流程、与时俱进的内容和有挑战性的分级设定，最大限度地提高互动的效果。

### 4. 基于互动的教学设计源于以学生为中心的理念

从整体上看，此课程的教学设计结构完整并且十分精细，课上每一个环节、每一个决定都不是拍脑袋作出的，处处体现着以学生为中心。90分钟的课被划分为三个部分，第一个45分钟由老师讲解核心知识，第二个45分钟分为三小段，即两

个小组各15分钟的小组报告和最后15分钟的点评和讨论。教学设计精细化体现在方方面面,不能完全介绍详尽,在此仅指出几个小例子:

课程大纲设计之前充分进行了学生调查,以了解学生知识储备和学习需求。

小组报告环节通过多年的实践和总结,逐渐找出最能调动学生参与的形式。

### 5. 课程网站精细设计,进一步助力了课程的成功

"计算机科学导论"课程有一个单独的教学网站,设计十分精细,包括课程时间安排、学生花名册与学生自我介绍、大纲进度、上传提交作业、互评与匿名评价等功能,此外还有"光荣榜"功能,学生在课程学习中的优秀表现比如指出老师PPT的错误、课上主动回答问题、分享笔记、作业认真等都可以登上光荣榜。

## 第三节　计算机类专业群MOOC课程建设核心点示例

### 1. "数据结构与算法"MOOC课程建设核心点

代码实践:该课程专注于数据结构和算法的实际应用,学生通过完成大量的编程任务来增强技术能力。该课程提供详尽的代码示例,同时鼓励学生尝试自己的解决方案。

算法可视化:算法可视化是一个强大的教学工具,可以帮助学生理解算法的工作原理。课程将提供一系列的可视化材料,如动画、图形等,来解释复杂的数据结构和算法。

在线编程挑战:该课程将提供一系列的在线编程挑战,旨在让学生在解决实际问题的过程中提高编程技巧和问题解决能力。学生可以在完成这些挑战后获取及时反馈,了解自己的进步和需要改进的地方。

面试准备:数据结构与算法测试题是技术面试中最常见的题目,所以该课程将提供专门的面试准备模块,包括常见面试问题解析、有效的面试策略,以及如何展示自己的技术能力。

第九章　在线教育技术与精品 MOOC 课程建设的重要步骤和特色示例

算法竞赛介绍：该课程还将介绍如何参与并准备各种算法竞赛，如 ACM ICPC、Google Code Jam 等。这将是学生展示和提高他们算法技能的好机会。

### 2. "软件项目管理"MOOC 课程建设核心点

案例分析：该课程将基于真实世界的软件项目案例进行教学，每个案例都将提供详细的背景信息、项目管理的具体步骤，以及项目成功或失败的原因分析。

敏捷开发方法：该课程将详细讲解敏捷开发方法，如 Scrum、Kanban 等，强调其在现代软件开发中的重要性。学生将有机会了解并实践这些敏捷开发方法，理解它们如何提高项目的效率和质量。

项目管理软件实操：该课程将提供对流行的项目管理软件，如 Jira、Trello 等的详细介绍和实操指南。学生将学习如何利用这些工具来规划、跟踪和管理软件项目。

软技能训练：除了技术知识，该课程还将关注项目管理中的软技能，如团队协作、沟通技巧、领导力等。该课程将提供一系列的模拟活动，让学生在实际环境中锻炼这些技能。

项目风险管理：该课程将详细介绍项目风险管理的各个方面，包括如何识别和评估风险、如何制定和实施风险应对策略等。学生将通过一系列的实例和活动，学习如何在实际项目中应对各种风险。

### 3. "软件测试"MOOC 课程建设核心点

测试类型与方法：该课程将详细介绍各种测试类型（如单元测试、集成测试、系统测试、性能测试等）和测试方法（如黑盒测试、白盒测试、灰盒测试等），每种类型和方法都会配有实例和实践活动。

自动化测试工具：该课程将介绍流行的自动化测试工具（如 Selenium、JUnit、Postman 等）使用，学生将有机会进行实操练习。

测试驱动开发：该课程将讲解测试驱动开发（TDD）的原理和实践，帮助学生理解测试在软件开发过程中的重要性。

缺陷管理：该课程将详细介绍缺陷的生命周期，以及如何使用缺陷管理工具（如 Bugzilla、Jira 等）进行缺陷跟踪和管理。

软件质量保证：该课程将强调软件测试在软件质量保证中的作用，让学生了解如何通过有效的测试来提高软件质量。

实际项目测试:该课程将提供一系列的实际项目,让学生在真实环境中进行软件测试,学习如何在项目中应用所学知识。

### 4."大数据分析与挖掘"MOOC课程建设核心点

大数据工具和平台:该课程将介绍常见的大数据处理工具和平台(如 Hadoop、Spark、Hive、Pig 等),并提供实操指南。

数据预处理:该课程将讲解数据预处理的技术和方法,如数据清洗、数据转换、数据集成等。

数据挖掘算法:该课程将详细介绍各种数据挖掘算法(如分类、聚类、关联规则等),每个算法都会配有详细的理论讲解和实例分析。

大数据可视化:该课程将强调数据可视化在大数据分析中的重要性,提供对常见的数据可视化工具(如 Tableau、Power BI 等)讲解和实操。

实际案例分析:该课程将基于真实世界的大数据案例进行教学,让学生了解大数据在实际业务中的应用。

实战项目:该课程将提供一系列的实战项目,让学生在真实环境中进行大数据分析和挖掘,学习如何在项目中应用所学知识。

### 5."三维动画制作与技术"MOOC课程建设核心点

三维建模:该课程将详细讲解三维建模的基本技巧,包括使用流行的 3D 建模软件(如 Blender、Maya 等)来创建复杂的三维物体。

动画制作:该课程将教授学生如何创建和修改三维动画,包括关键帧动画、骨骼动画、物理动画等。

材质与光照:该课程将详细介绍三维模型的材质和光照技术,包括纹理映射、材质类型、全局光照等。

渲染技术:该课程将介绍三维动画的渲染技术,包括光线追踪、渲染方程、渲染优化等。

实战项目:该课程将提供一系列的实战项目,让学生在真实环境中制作三维动画,从而巩固和应用所学知识。

行业应用:该课程将介绍三维动画在各种行业(如电影、游戏、广告等)中的应用,并分析一些成功的案例。

### 6."视觉传达设计"MOOC 课程建设核心点

设计原理:该课程将详细讲解视觉传达设计的基本原理,如对比、重复、对齐、亲近等。

图形设计:该课程将教授学生如何使用图形设计软件(如 Photoshop、Illustrator 等)来创建具有视觉冲击力的设计。

版面设计:该课程将介绍版面设计的基本技巧,包括版面规划、字体选择、色彩搭配等。

品牌设计:该课程将讲解品牌设计的过程,包括标志设计、企业形象设计、品牌风格指南等。

实战项目:该课程将提供一系列的实战项目,让学生在真实环境中进行视觉传达设计,学习如何在项目中应用所学知识。

设计评估:该课程将教授学生如何评估设计的有效性,包括用户反馈、A/B 测试、设计审查等。

##  第四节　电子信息与电气工程类专业群MOOC 课程建设核心点示例

### 1."模拟电子技术基础"MOOC 课程建设核心点

基础理论:该课程将详细介绍模拟电子技术的基础理论,包括电压、电流、阻抗、电源等概念,以及欧姆定律、基尔霍夫定律等基础定律。

模拟电路分析:该课程将教授学生如何使用工具(如 SPICE)来分析模拟电路,包括直流分析、交流分析、瞬态分析等。

放大器和振荡器设计:该课程将详细介绍如何设计和构建放大器和振荡器,包括运算放大器、差分放大器、振荡器等。

电源和电压调节器设计:该课程将介绍如何设计和构建稳定的电源和电压调节器,包括线性电源、开关电源、线性电压调节器、开关电压调节器等。

实战项目:该课程将提供一系列的实战项目,让学生在实际环境中设计和构建模拟电路。

行业应用:该课程将介绍模拟电子技术在各种行业(如通信、能源、汽车等)中的应用,同时分享一些成功的案例。

### 2. "嵌入式系统设计"MOOC课程建设核心点

嵌入式系统基础:该课程将详细讲解嵌入式系统的基础知识,包括微处理器、嵌入式操作系统、嵌入式硬件设计等。

嵌入式编程:该课程将教授学生如何使用C/C++和汇编语言进行嵌入式编程,包括硬件访问、中断处理、多任务编程等。

硬件接口:该课程将介绍如何设计和实现硬件接口,包括串行接口、并行接口、USB、I2C、SPI等。

实时操作系统:该课程将讲解实时操作系统的基础知识和使用,包括任务调度、同步和通信、中断管理等。

实战项目:该课程将提供一系列的实战项目,让学生在真实环境中设计和实现嵌入式系统。

行业应用:该课程将介绍嵌入式系统在各种行业(如汽车、通信、医疗等)中的应用,同时分享一些成功的案例。

### 3. "微控制器原理与应用"MOOC课程建设核心点

微控制器基础:该课程将详细介绍微控制器的基础知识,包括微处理器、内存、输入输出设备、中断系统等。

微控制器编程:该课程将教授学生如何使用汇编语言和C语言进行微控制器编程,包括定时/计数器编程、中断编程、串口编程等。

微控制器应用电路设计:该课程将讲解如何设计和实现微控制器的应用电路,包括电源设计、接口电路设计、传感器和执行器应用等。

嵌入式操作系统:该课程将介绍嵌入式操作系统的基础知识和使用,包括任务调度、同步和通信、中断管理等。

实战项目:该课程将提供一系列的实战项目,让学生在真实环境中设计和实现微控制器系统。

行业应用:该课程将介绍微控制器在各种行业(如家电、汽车、工业自动化等)

第九章 在线教育技术与精品 MOOC 课程建设的重要步骤和特色示例

中的应用,并分析一些成功的案例。

### 4."电力电子技术"MOOC 课程建设核心点

电力电子器件:该课程将详细介绍各种电力电子器件的工作原理和使用,如二极管、IGBT、MOSFET 等。

开关电源设计:该课程将教授学生如何设计和实现开关电源,包括降压转换器、升压转换器、反激转换器等。

电机驱动:该课程将讲解如何使用电力电子技术进行电机驱动,包括直流电机、交流电机、步进电机等。

电力电子系统仿真:该课程将介绍如何使用仿真工具(如 MATLAB/Simulink)进行电力电子系统仿真。

实战项目:该课程将提供一系列的实战项目,让学生在真实环境中设计和实现电力电子系统。

行业应用:该课程将介绍电力电子技术在各种行业(如能源、电力、交通等)中的应用,并分析一些成功的案例。

### 5."智能控制系统设计与应用"MOOC 课程建设核心点

控制系统基础:该课程将详细介绍控制系统的基础知识,包括系统模型、反馈、稳定性等。

智能控制算法:该课程将讲解各种智能控制算法的原理和实现,如模糊控制、神经网络控制、自适应控制等。

控制器设计:该课程将教授学生如何设计和实现智能控制器,包括硬件设计、软件编程、系统调试等。

控制系统仿真:该课程将介绍如何使用仿真工具(如 MATLAB/Simulink)进行控制系统建模和仿真。

实战项目:该课程将提供一系列的实战项目,让学生在真实环境中设计和实现智能控制系统。

行业应用:该课程将介绍智能控制技术在各种行业(如自动化、机器人、能源等)中的应用,并分享一些成功的案例。

### 6."建筑电气系统设计与应用"MOOC 课程建设核心点

电气工程基础:该课程将详细介绍电气工程的基础知识,如电路理论、电力系统、电气安全等。

建筑电气系统设计：该课程将教授学生如何设计建筑电气系统，包括照明系统、电力系统、安全系统等。

电气设备和材料：该课程将介绍常用的电气设备和材料，如电线、电缆、开关、保护设备等，以及如何选择和使用它们。

电气安装和维护：该课程将讲解电气安装和维护的基本技巧，包括线路敷设、接线、故障检测、设备维护等。

实战项目：该课程将提供一系列的实战项目，让学生在真实环境中设计和实施建筑电气系统。

行业应用：该课程将介绍建筑电气技术在各种类型的建筑（如住宅、商业建筑、工业建筑等）中的应用，并分析一些成功的案例。

## 第五节  机械类专业群 MOOC 课程建设核心点示例

**1."计算机辅助设计与制造"MOOC 课程建设核心点**

CAD/CAM 基础：该课程将详细介绍计算机辅助设计与制造的基础知识，包括系统架构、基本操作、模型构建等。

三维建模：该课程将教授学生如何使用 CAD 工具进行三维建模，包括几何建模、曲线和曲面建模、实体建模等。

数控编程：该课程将讲解如何使用 CAM 工具进行数控编程，包括刀路规划、后处理、仿真等。

加工技术：该课程将介绍常用的加工技术，如铣削、车削、钻削、磨削等，以及如何在 CAM 系统中进行加工参数设置。

实战项目：该课程将提供一系列的实战项目，让学生在真实环境中进行 CAD/CAM 设计和制造。

行业应用：该课程将介绍 CAD/CAM 技术在各种行业（如机械、汽车、航空等）

中的应用,并分享一些成功的案例。

## 2. "现代制造工程技术"MOOC课程建设核心点

制造工程基础:该课程将详细介绍制造工程的基础知识,包括材料科学、加工技术、制造系统等。

现代制造技术:该课程将教授学生如何理解和使用现代制造技术,如数控加工、精密加工、快速原型制造等。

生产计划和控制:该课程将讲解生产计划和控制的基本理论和方法,如生产计划、库存控制、排程、质量控制等。

自动化和智能制造:该课程将介绍自动化和智能制造的原理和实现,如机器人、柔性制造系统、工业 4.0 等。

实战项目:该课程将提供一系列的实战项目,让学生在真实环境中实现现代制造工程技术。

行业应用:该课程将介绍现代制造工程技术在各种行业(如汽车、电子、航空等)中的应用,并分享一些成功的案例。

## 3. "自动控制理论与应用"MOOC课程建设核心点

控制理论基础:该课程将详细介绍控制理论的基础知识,包括系统模型、稳定性分析、频域和时域分析方法等。

控制器设计:该课程将教授学生如何设计各种类型的控制器,如 PID 控制器、状态反馈控制器、预测控制器等。

系统仿真:该课程将讲解如何使用仿真工具(如 MATLAB/Simulink)进行控制系统仿真和分析。

控制系统实现:该课程将介绍如何在硬件上实现控制系统,包括数据采集、控制算法实现、系统调试等。

实战项目:该课程将提供一系列的实战项目,让学生在真实环境中设计和实现控制系统。

行业应用:该课程将介绍自动控制技术在各种行业(如工业自动化、飞机控制、机器人等)中的应用,并分享一些成功的案例。

## 4. "智能制造"MOOC课程建设核心点

智能制造基础:该课程将详细介绍智能制造的基础知识,包括工业互联网、云制造、大数据、人工智能等。

智能工厂设计：该课程将教授学生如何设计智能工厂，包括智能设备、自动化流水线、物联网、智能管理系统等。

智能制造技术：该课程将介绍各种智能制造技术，如智能制造装备、工业机器人、数字孪生、智能优化等。

智能制造标准和法规：该课程将讲解智能制造相关的国内外规划标准和法规，如工业4.0、中国制造2025等。

实战项目：该课程将提供一系列的实战项目，让学生在真实环境中实现智能制造设计和实施。

行业应用：该课程将介绍智能制造在各种行业（如汽车、电子、航空等）中的应用，并分享一些成功的案例。

### 5. "机器人技术与应用"MOOC课程建设核心点

机器人基础：该课程将详细介绍机器人的基础知识，包括机器人的分类、机器人的结构、机器人的工作原理等。

机器人编程：该课程将教授学生如何进行机器人编程，包括机器人操作系统、机器人语言、机器人控制等。

机器人视觉：该课程将介绍机器人视觉技术，包括图像处理、物体识别、三维重建等，并介绍如何在机器人上实现这些技术。

机器人导航：该课程将讲解机器人导航的基本理论和技术，如定位、建图、路径规划等。

实战项目：该课程将提供一系列的实战项目，让学生在真实环境中设计和实现机器人系统。

行业应用：该课程将介绍机器人技术在各种行业（如工业、服务、医疗、娱乐等）中的应用，并分享一些成功的案例。

### 6. "机械制图"MOOC课程建设核心点

制图基础：该课程将详细介绍制图的基础知识，如图纸的类型、制图符号、尺寸标注等。

二维制图：该课程将教授学生如何进行二维制图，包括投影法、断面视图、剖视图等。

三维制图:该课程将介绍三维制图的基本技术,如实体建模、参数设计、装配图等。

CAD 软件应用:该课程将讲解如何使用 CAD 软件(如 AutoCAD、SolidWorks 等)进行机械制图。

实战项目:该课程将提供一系列的实战项目,让学生在真实环境中进行机械制图设计。

行业应用:该课程将介绍机械制图在机械设计、制造、检测等各种领域的应用,并分享一些成功的案例。

## 第六节 土木工程建筑类专业群 MOOC 课程建设核心点示例

### 1. "结构力学"MOOC 课程建设核心点

力学基础:该课程将详细介绍力学的基本知识,包括力、力矩、应力、应变、物料力学性质等。

结构分析:该课程将教授学生如何进行各种结构分析,包括静力分析、稳定性分析、动力分析等。

设计原理:该课程将讲解结构设计的基本原理,如安全性、经济性、功能性等,并教授如何进行结构设计。

软件应用:该课程将介绍如何使用结构分析软件(如 SAP2000、ABAQUS 等)进行结构模拟和分析。

实战项目:该课程将提供一系列的实战项目,让学生在真实环境中设计和分析各种结构。

行业应用:该课程将介绍结构力学在建筑、桥梁、机械等各种行业的应用,并分享一些成功的案例。

### 2. "道路与桥梁设计原理"MOOC 课程建设核心点

基础知识:该课程将详细介绍道路和桥梁设计的基本知识,如地形地貌、地质条件、交通流量等。

设计原理:该课程将教授学生如何根据交通需求、地形地貌、地质条件等因素进行道路和桥梁设计。

结构设计:该课程将介绍如何设计桥梁的结构,如桥墩、桥塔、桥面板等,并讲解如何进行结构分析和验证。

软件应用:该课程将讲解如何使用道路和桥梁设计软件(如PKPM、MIDAS等)进行设计和分析。

实战项目:该课程将提供一系列的实战项目,让学生在真实环境中进行道路和桥梁设计。

行业应用:该课程将介绍道路和桥梁设计在交通建设、城市规划、工程项目等各种领域的应用,并分享一些成功的案例。

### 3."建筑工程项目管理"MOOC课程建设核心点

项目管理基础:该课程将详细介绍项目管理的基本概念、原理、方法和工具。

工程计划与控制:该课程将教授学生如何进行工程项目计划、进度控制、成本控制、质量控制等。

合同与招投标管理:该课程将介绍建筑工程项目中的合同管理,以及如何进行招投标。

风险管理:该课程将讲解如何识别、评估和控制建筑工程项目的各种风险。

实战项目:该课程将提供一系列的实战项目,让学生在真实环境中进行建筑工程项目管理。

行业应用:该课程将介绍建筑工程项目管理在各种建筑工程(如住宅、商业用房、工业用房等)中的应用,并分享一些成功的案例。

### 4."建筑工程监理原理与实务"MOOC课程建设核心点

监理基础:该课程将详细介绍建筑工程监理的基本概念、职责、权利和义务。

工程质量监控:该课程将教授学生如何进行工程质量监控,包括材料检验、施工过程控制、竣工验收等。

工程进度和成本监控:该课程将介绍如何进行工程进度和成本监控,以确保工程按计划完成。

合同管理:该课程将讲解如何进行工程合同管理,包括合同签订、执行、变更、争议解决等。

实战项目:该课程将提供一系列的实战项目,让学生在真实环境中进行建筑工程监理。

行业应用:该课程将介绍建筑工程监理在各种建筑工程(如住宅、商业用房、工业用房等)中的应用,并分享一些成功的案例。

### 5. "风景园林设计原理与实践"MOOC课程建设核心点

设计基础:该课程将详细介绍风景园林设计的基本原理,包括风景园林的概念、设计理念、设计元素等。

设计技术:该课程将教授学生如何进行风景园林设计,包括地形设计、植物设计、水体设计、硬景观设计等。

环境与可持续性:该课程将介绍如何在设计中考虑环境和可持续性,包括节水设计、生态恢复、绿色建材等。

设计软件应用:该课程将讲解如何使用风景园林设计软件(如 AutoCAD、SketchUp、3ds Max 等)进行设计和模拟。

实战项目:该课程将提供一系列的实战项目,让学生在真实环境中进行风景园林设计。

行业应用:该课程将介绍风景园林设计在公园、广场、住宅区、度假村等各种场所的应用,并分享一些成功的案例。

### 6. "水利水电工程设计与管理"MOOC课程建设核心点

基础知识:该课程将详细介绍水利水电工程的基本知识,如水文气象学、水力学、水电站设计等。

设计原理:该课程将教授学生如何根据水文数据、地质条件、工程需求等因素进行水利水电工程设计。

项目管理:该课程将介绍如何进行水利水电工程的项目管理,包括进度控制、成本控制、质量控制、风险管理等。

软件应用:该课程将讲解如何使用水利水电工程设计软件(如 CAD、Revit、Etabs 等)进行设计和分析。

实战项目:该课程将提供一系列的实战项目,让学生在真实环境中进行水利水电工程设计和管理。

行业应用：该课程将介绍水利水电工程设计与管理在各种水利水电项目（如大坝、水电站、灌溉系统等）中的应用，并分享一些成功的案例。

##  第七节　财经管理类专业群 MOOC 课程建设核心点示例

### 1. "工程项目管理与实践"MOOC 课程建设核心点

项目管理基础：该课程将详细介绍项目管理的基本理念、方法和工具。

工程计划与控制：该课程将教授学生如何进行工程项目的计划制定、进度控制、成本控制、质量控制等。

合同管理与风险控制：该课程将介绍工程项目中的合同管理，包括合同解读、执行、变更、争议解决等，以及风险识别与控制的方法。

团队管理与沟通：该课程将讲解如何管理项目团队，建立有效的沟通机制、处理团队冲突等。

实战项目：该课程将提供一系列实战项目，让学生在真实环境中进行工程项目管理。

行业应用与案例分享：该课程将介绍工程项目管理在各种工程项目中的应用，包括建筑工程、道路工程、电力工程等，并分享成功的项目管理案例。

### 2. "现代物流管理"MOOC 课程建设核心点

物流管理基础：该课程将详细介绍物流管理的基本概念、理论、方法和技术。

供应链管理：该课程将教授学生如何进行供应链管理，包括采购、生产、配送、库存管理等。

物流信息系统：该课程将介绍现代物流信息系统设计和应用，包括物流管理系统、仓储管理系统、运输管理系统等。

物流运营与优化：该课程将讲解如何进行物流运营，以及如何通过运筹学方法进行物流系统优化。

实战项目：该课程将提供一系列实战项目，让学生在真实环境中进行物流管理。

行业应用与案例分享：该课程将介绍物流管理在制造业、零售业、电商等各个行业的应用，分享成功的物流管理案例。

### 3. "连锁企业管理与发展"MOOC 课程建设核心点

连锁企业基础：该课程将详细介绍连锁企业的基本模式、特性和发展趋势。

连锁店选址与管理：该课程将教授学生如何进行连锁店选址和管理，包括市场分析、选址策略、店面运营等。

连锁企业供应链管理：该课程将介绍如何进行连锁企业的供应链管理，包括采购、库存控制、配送等。

连锁企业战略与创新：该课程将讲解如何进行连锁企业的战略规划和创新，包括品牌建设、市场拓展、数字化转型等。

实战项目：该课程将提供一系列的实战项目，让学生在真实环境中进行连锁企业管理。

行业应用与案例分享：该课程将介绍连锁企业管理在零售、餐饮、教育等各个行业的应用，分享成功的连锁企业案例。

### 4. "电子商务运营与管理"MOOC 课程建设核心点

电子商务基础：该课程将详细介绍电子商务的基本模式、特性和发展趋势。

网店运营与优化：该课程将教授学生如何进行网店运营和优化，包括产品策略、价格策略、促销策略、用户体验优化等。

电子商务市场营销：该课程将介绍如何进行电子商务的市场营销，包括 SEO、SEM、SMM、电子邮件营销等。

电子商务数据分析：该课程将讲解如何进行电子商务数据分析，包括用户行为分析、销售数据分析、网站性能分析等。

实战项目：该课程将提供一系列的实战项目，让学生在真实环境中进行电子商务运营和管理。

行业应用与案例分享:该课程将介绍电子商务运营与管理在电商、零售、旅游等各个行业的应用,分享成功的电子商务案例。

### 5.《财务会计》MOOC 课程建设核心点

会计基础:该课程将详细介绍会计的基本概念、原理和规则。

财务报表编制与分析:该课程将教授学生如何编制和分析财务报表,包括资产负债表、利润表、现金流量表等。

会计核算与成本控制:该课程将介绍如何进行会计核算,以及如何通过会计信息进行成本控制。

会计信息系统:该课程将讲解如何使用会计信息系统进行会计核算和管理。

实战项目:该课程将提供一系列的实战项目,让学生在真实环境中进行财务会计工作。

行业应用与案例分享:该课程将介绍财务会计在不同行业中的应用,并分享一些典型的财务会计案例。

### 6."工程造价管理"MOOC 课程建设核心点

造价基础:该课程将详细介绍工程造价的基本概念、方法和标准。

工程预算与控制:该课程将教授学生如何进行工程预算编制和控制,包括成本预测、成本控制、成本优化等。

工程量清单编制与计价:该课程将介绍如何进行工程量清单编制和计价,包括清单计量、综合单价计算等。

合同管理与风险控制:该课程将讲解如何在合同中进行造价管理,以及如何识别和控制造价风险。

实战项目:该课程将提供一系列的实战项目,让学生在真实环境中进行工程造价管理。

行业应用与案例分享:该课程将介绍工程造价管理在建筑、交通、水利等各种工程项目中的应用,并分享一些成功的造价管理案例。

第九章　在线教育技术与精品 MOOC 课程建设的重要步骤和特色示例

 **第八节　教育类专业群 MOOC 课程建设核心点示例**

**1."在线教育技术与创新"MOOC 课程建设核心点**

在线教育概述：该课程将详细介绍在线教育的基本模式、发展趋势和主要技术。

教学设计与资源制作：该课程将教授学生如何进行在线教学设计，包括教学目标设定、教学活动设计，以及在线教学资源制作与整合。

在线教学方法与工具：该课程将介绍各种在线教学方法，包括同步教学、异步教学、混合学习，以及相关的在线教学工具。

在线教育评估与创新：该课程将讲解如何进行在线教育评估和改进，以及如何引入创新元素提高在线教育的效果。

实战项目：该课程将提供一系列实战项目，让学生在真实环境中进行在线教育设计和实施。

行业应用与案例分享：该课程将介绍在线教育在各个教育领域的应用，分享成功的在线教育案例。

**2."英语听说教学方法与技能"MOOC 课程建设核心点**

英语听说教学基础：该课程将详细介绍英语听说教学的基本原理、方法和技巧。

听力教学：该课程将教授学生如何进行有效的听力教学，包括听力材料选择、听力技能训练，以及听力评估方法。

口语教学：该课程将介绍如何进行有效的口语教学，包括口语活动设计、口语技能培养，以及口语评估方法。

教学技术与工具：该课程将讲解如何使用各种教学技术和工具提高听说教学的效果，如音频和视频资源、教学软件、在线教学平台等。

实战项目：该课程将提供一系列实战项目，让学生在真实环境中进行英语听说教学。

行业应用与案例分享：该课程将介绍英语听说教学在各级教育阶段和不同类型的英语课程中的应用，分享成功的英语听说教学案例。

以上 MOOC 课程实例，各具特色，涵盖了计算机科学、机械设计制造、土木工程、电子信息工程、工商企业管理、财务管理、教育等各个领域。通过建设这些 MOOC 课程，可以提高学生的学习兴趣和学习效果，促进其职业发展和实践能力提升，也可以推动学校的学科建设和提升学校的品牌形象。

# 第十章　因材施教,重视个性化学习和自适应学习

个性化学习和自适应学习是指根据学生的个人差异和需求,为每个学生定制学习路径和内容,以及根据学生的学习表现和反馈,自动调整其学习内容和难度,提高学生的学习效果和满足学生的需求。

## 第一节　在线教育平台实现个性化学习和自适应学习

**1. 个性化学习路径**

在线教育平台可以通过学生的学习历史、学习目标、兴趣爱好等信息,为每个学生设计个性化的学习路径。具体可以采用以下几种方式。

问卷调查:平台可以设计针对不同年龄段、专业和兴趣爱好的问卷,收集学生的信息和需求,为其定制个性化学习路径。

学习历史:平台可以通过学生的学习历史,了解其学习水平和兴趣爱好,根据这些信息为其定制学习路径。

学习目标:平台可以让学生设置自己的学习目标,并根据这些目标为其定制个性化学习路径。

### 2. 自适应学习内容

在线教育平台可以通过学生的学习表现和反馈,自动调整其学习内容和难度,以满足不同学生的需求。具体可以采用以下几种方式。

学习表现:平台可以通过学生的学习表现,如作业成绩、在线测试成绩、学习时长等,来自动调整其学习内容和难度。

学习反馈:平台可以让学生反馈学习内容和难度,根据学生的反馈自动调整其学习内容和难度。

人工智能技术:平台可以利用人工智能技术,对学生的学习表现和反馈进行分析和处理,自动调整其学习内容和难度。

### 3. 智能推荐

在线教育平台可以通过智能推荐系统,为学生推荐最适合他们的学习内容和资源。具体可以采用以下几种方式。

相似兴趣推荐:平台可以通过学生的学习历史和兴趣爱好,为其推荐相似兴趣的学习内容和资源。

学习进度推荐:平台可以根据学生的学习进度和目标,为其推荐最适合的学习内容和资源。

推荐算法:平台可以利用推荐算法,根据学生的学习历史、兴趣爱好和学习表现,为其推荐最适合的学习内容和资源。

为了实现个性化学习和自适应学习,平台需要具备以下技术和能力。

数据分析能力:平台能够收集、处理和分析学生的学习数据,如学习历史、学习表现、反馈等,可为个性化学习和自适应学习提供支持。

人工智能技术:平台能够利用人工智能技术,如机器学习、自然语言处理、推荐算法等,对学生的学习数据进行分析和处理,提出个性化学习和自适应学习的方案。

个性化课程设计能力:平台具备个性化课程设计能力,能够根据学生的需求和学习表现,为其设计定制化的学习内容和课程。

学习资源丰富度:平台具备丰富的学习资源,可为不同学生提供最适合的学

第十章 因材施教,重视个性化学习和自适应学习

习内容和资源。

在线教育平台可以通过个性化学习路径、自适应学习内容和智能推荐,帮助学生实现个性化学习和自适应学习,为不同学生提供更加个性化、高效和便捷的学习体验。

##  第二节 理工类专业群的个性化学习和自适应学习

**1. 计算机类专业群的个性化学习和自适应学习**

计算机类专业群的个性化学习和自适应学习的重点在于深入理解和实践以下几个领域:

编程语言学习:计算机科学的一个核心领域是编程,而掌握一门或多门编程语言是非常关键的。学生应根据个人兴趣、目标领域或就业市场需求来选择编程语言,如 Python、Java、C++或者 JavaScript 等。一种有效的学习方法是学生通过项目实践,不仅可以将所学知识用于解决实际问题,还可以在过程中逐渐理解和熟悉编程概念。

算法和数据结构:这是计算机科学的基础知识,对于编程和解决复杂问题都非常重要。个性化学习可以通过学习各种类型的算法(如排序算法、搜索算法等)和数据结构(如数组、链表、树、图等)来进行,而自适应学习则可以根据学生的理解进度和能力来调整学习内容和难度。

计算机系统和网络:了解计算机系统、操作系统、数据库、网络等也是非常重要的,这些知识对于理解计算机的工作原理和编程的底层机制都非常有帮助。学生可以根据个人兴趣和目标来选择学习内容,同时也可以通过模拟或实际项目来实践所学知识。

人工智能和机器学习:这是计算机科学的一个热门领域,也是未来发展的方向。学生可以通过学习机器学习的基本概念、算法和应用来深入理解这个领域。此外,通过参与实际项目或使用机器学习框架(如 TensorFlow、PyTorch 等)可以

提高理解和应用能力。

软件工程和开发实践：理解如何设计、编写、测试和维护软件是非常重要的，这需要掌握软件开发生命周期、开发方法（如敏捷开发），以及版本控制（如 Git）。对于这一部分，学生可以通过参与开源项目，或者自己创建项目进行实践学习。

以上学习方法可以根据每个学生的个人兴趣、目标和能力进行调整和优化，从而实现个性化和自适应学习。同时，不断的反馈和评估也是保证学习效果的重要环节。

## 2. 机械类专业群个性化学习和自适应学习

机械类专业群的个性化学习和自适应学习主要应关注以下几个领域：

基础理论知识：基础理论知识包括力学、热力学、材料科学等，这是机械工程的基础。根据个人的理解能力和兴趣，学生可以选择深入学习某些特定的理论或者广泛掌握各类理论。同时，为了更好地理解理论，实验操作和模拟演示是非常有效的学习方法。

设计和建模：设计和建模是机械工程中非常重要的部分，例如 CAD（计算机辅助设计）和 CAM（计算机辅助制造）。学生可以通过项目实践或者参与设计竞赛来提高设计和建模的能力。

制造技术和机械操作：理解和掌握各种制造技术和机械操作是机械工程专业学习的重要部分，这包括机床操作、CNC 编程、焊接技术等。通过实际操作和实践，学生可以更深入地理解和掌握这些技术和操作。

机器人技术：机器人技术是机械工程的一个重要分支，也是未来发展的方向。学生可以学习机器人设计、机器人控制系统、机器人编程等知识。通过参与机器人项目或者竞赛，学生可以提高理解和应用机器人技术的能力。

维护和故障诊断：了解和掌握各种机械设备维护和故障诊断方法也是非常重要的。学生可以通过实际操作和模拟练习来提高这方面的技能。

机电教育培训：掌握机电技术教育的基本规律和教育教学的基本理论、方法和技能，学习者能够胜任中等职业技术学校机电类专业的基础课、专业课的教学工作。

以上学习方法可以根据每个学生的个人兴趣、目标和能力进行调整和优化，以实现个性化和自适应学习。同时，实时反馈和评估也是保证学习效果的重要环节。

## 3. 电子信息与电气工程类专业群个性化学习和自适应学习

电子信息与电气工程类专业群的个性化学习和自适应学习主要涉及以下几个领域：

基础电子和电路理论：电子和电路理论是电子信息与电气工程的基础，包括电路分析、电磁场理论、模拟电路和数字电路等。根据学生的能力和兴趣，可以选择更深入地学习某一领域或广泛地学习各类理论。实验和项目实践是非常有效的学习方式，可以帮助学生更好地理解理论并将理论应用到实际中。

电气系统和控制：电气系统设计和控制是电气工程的重要部分，包括电力系统、电机控制、自动控制理论等。个性化学习和自适应学习可以通过设计和实施实际的电气系统项目来进行，例如设计和搭建电机控制系统。

信号处理和通信技术：这是电子信息与电气工程中非常重要的部分，包括模拟和数字信号处理、无线通信、光通信等。通过项目实践和案例分析，学生可以更深入地理解和掌握这些知识，并学会如何将这些知识应用到实际中。

嵌入式系统和微处理器：嵌入式系统和微处理器是电子信息与电气工程中的一个重要领域，也是未来发展的方向。学生可以通过学习和实践嵌入式系统设计和编程、微处理器原理和应用等内容来提高自己在这个领域的技能。

电子系统设计：电子系统设计包括硬件设计和PCB布局设计等。学生可以通过设计和制造电子设备或系统来提高这方面的技能。

以上学习方法可以根据每个学生的个人兴趣、目标和能力进行调整和优化，以实现个性化和自适应学习。同时，定期反馈和评估也是保证学习效果的重要环节。

## 4. 土木建筑类专业群个性化学习和自适应学习

土木建筑类专业群的个性化学习和自适应学习主要考虑以下几个领域：

基础理论和应用知识：这包括力学、材料学、建筑理论等基础知识。个性化学习要求学生根据个人兴趣和理解能力，选择深入学习某一特定领域或全面理解各类理论。同时，进行模拟练习和实际项目实践可以帮助学生更好地理解和运用这些理论。

建筑设计与绘图：建筑设计和建筑绘图是土木建筑专业非常重要的一部分，包括CAD绘图、建筑设计理论、建筑风格等。个性化学习要求学生根据兴趣和设计才能,选择特定类型的建筑(如住宅、商业、公共设施等)进行设计练习。同时,可以参加建筑设计竞赛,提高设计技巧和创新思维。

施工管理和技术:理解和掌握施工过程管理和技术也是非常重要的,包括施工计划、施工技术、项目管理等。学生可以通过模拟项目和实地考察,深入理解并实践施工管理和技术。

建筑环境与设施:建筑环境与设施包括建筑物的照明、通风、供暖、制冷、消防等系统的设计和安装。学生可以通过实践项目和模拟练习,理解和掌握这些设施的设计和运行原理。

可持续建筑与绿色设计:这是一个热门的领域,又是未来发展趋势的领域,包括节能设计、环保材料、绿色建筑等。学生可以通过研究和设计实践,了解并掌握可持续建筑的设计原理和技术。

以上学习方式可以根据每个学生的个人兴趣、目标和能力进行调整和优化,以实现个性化和自适应学习。同时,实时反馈和评估也是保证学习效果的重要环节。

## 第三节　财务管理类专业群的个性化学习和自适应学习

### 1. 财务管理类专业群个性化学习和自适应学习

财务管理类专业群的个性化学习和自适应学习可以考虑以下几个领域:

财务理论与实务:财务理论与实务包括财务管理、成本会计、财务会计等基础知识。个性化学习要求学生根据理解能力和兴趣,选择更深入地学习某一领域,或者广泛地学习各类理论。案例分析和模拟练习是非常有效的学习方式,可以帮助学生更好地理解和运用这些理论。

投资与风险管理:投资与风险管理是财务管理的重要部分,包括投资理论、资本市场、风险评估等。个性化学习可以通过模拟投资游戏和案例分析来进行,以提高学生的实际操作能力和风险管理能力。

税务与审计：税务与审计是财务管理中的重要领域，包括税法、审计理论、企业内部审计等。学生可以通过模拟练习和案例分析，理解并掌握这些知识，并学会如何将这些知识应用到实际中。

财务分析与决策：财务分析与决策涉及企业财务状况评估和管理决策制定，包括财务报表分析、投资决策、融资决策等。学生可以通过分析真实企业的财务报表和模拟决策情境，来提高自己的财务分析和决策能力。

企业财务软件应用：熟练掌握和运用财务软件（如 Excel、QuickBooks、SAP 等）对于财务管理专业学生非常重要。学生可以通过实际操作和项目实践，提高软件应用能力。

以上学习方法可以根据每个学生的个人兴趣、目标和能力进行调整和优化，以实现个性化和自适应学习。同时，实时反馈和评估也是保证学习效果的重要环节。

## 2. 管理类专业群个性化学习和自适应学习

管理类专业群的个性化学习和自适应学习主要考虑以下几个领域：

基础管理理论与实务：包括组织行为、人力资源管理、战略管理等基础知识。个性化学习要求学生根据理解能力和兴趣，选择深入学习某一特定领域或全面理解各类理论。同时，案例分析和模拟练习是非常有效的学习方式，可以帮助学生更好地理解和运用这些理论。

项目与运营管理：这涉及如何在一定的时间、预算和质量约束条件下，实现项目目标。个性化学习可以通过参与真实的或模拟的项目，了解并实践项目管理的理论和工具。

市场营销与销售：理解市场营销的基本概念、策略和工具，包括市场调研、产品定位、广告和销售等。学生可以通过案例分析、角色扮演或者实地销售实践，提高营销和销售技巧。

财务管理：财务管理是所有管理专业学习者需要掌握的基本知识，包括财务分析、投资决策、融资决策等。通过模拟练习和案例分析，学生可以深入理解和运用财务管理的知识。

领导力和沟通技巧：作为一个有效的管理者，领导力和沟通技巧是非常重要的。通过参加团队活动、演讲比赛或者领导力训练，学生可以提高自己的领导力和沟通技巧。

以上学习方式可以根据每个学生的个人兴趣、目标和能力进行调整和优化,以实现个性化和自适应学习。同时,定期反馈和评估也是保证学习效果的重要环节。

### 3. 现代教育技术专业个性化学习和自适应学习

现代教育技术专业的个性化学习和自适应学习主要考虑以下几个领域:

教育理论和教育心理学:包括教育学基础理论、学习理论、教学方法等。学生可以根据自己的兴趣和理解能力,选择深入学习某一特定领域或全面理解各类理论。同时,观察实际的教育环境和参与实际的教学活动可以帮助学生更好地理解和运用这些理论。

教育技术应用:这包括数字教育工具应用,如学习管理系统(LMS)、在线协作工具、多媒体制作工具等。学生可以通过实际操作和项目实践,提高自己的技术应用能力。

教育设计和开发:学生可以理解并实践如何设计和开发有效的教育资源,包括在线课程、教育游戏、教学视频等。个性化学习要求学生根据兴趣和创新能力,选择特定类型的教育资源进行设计和开发。

教育评估和数据分析:教育评估和数据分析能力是非常重要的,包括学习评估、教学效果评估、学习数据分析等。学生可以通过实际的评估项目和数据分析案例,提高自己的评估和分析能力。

教育政策和趋势:对教育政策的理解和对教育趋势的关注也是非常重要的。学生可以通过研究和讨论,了解并掌握当前的教育政策和未来的教育趋势。

以上学习方式可以根据每个学生的个人兴趣、目标和能力进行调整和优化,以实现个性化和自适应学习。同时,定期反馈和评估也是保证学习效果的重要环节。

## 第四节 基础课的个性化学习和自适应学习

### 1. 大学英语课程个性化学习和自适应学习

大学英语课程的个性化学习和自适应学习主要考虑以下几个领域:

词汇与语法:每个学生的英语词汇和语法基础可能会有所不同。个性化学习可以根据学生的实际水平,制定相应的词汇和语法学习计划,让学生逐步地提升自己的水平。

听力和口语:听力和口语是英语学习中的关键部分。可以根据学生的实际水平,选择合适的音频材料进行听力训练,也可以通过模拟情景对话或者演讲训练,提高学生的口语能力。

阅读与写作:提高阅读和写作能力需要大量的实践。根据学生的实际水平,选择适合的阅读材料进行训练,并通过写作任务,让学生在实践中提高写作能力。

文化交际:理解和应用英语的过程,也是理解和适应英美等国的文化的过程。可以通过研究相关的文化背景,培养学生的文化素养和提高交际能力。

学术英语:对于一些特定的专业或者研究方向,可能需要更高级别的学术英语能力。个性化学习可以根据学生的学术需求,提供相关的学术文章阅读和学术报告写作训练。

英语考试培训:如果学生有英语考试(如托福、雅思、GRE等)的需求,可以提供针对性的考试培训,包括考试技巧、模拟考试等。

以上学习方式可以根据每个学生的个人兴趣、目标和能力进行调整和优化,以实现个性化和自适应学习。同时,定期反馈和评估也是保证学习效果的重要环节。

## 2. 大学计算机应用基础课程个性化学习和自适应学习

大学计算机应用基础课程的个性化学习和自适应学习主要考虑以下几个领域。

编程基础:根据学生的初始能力,提供不同层次的编程语言教学,如 Python、Java、C++等。初学者可以从更简单的编程语言开始,如 Python;而对编程有一定基础的学生可以选择更复杂的语言,如 C++。

计算机科学理论:包括数据结构、算法、计算机网络、操作系统等知识。学生可以根据学习进度和理解能力,进行深入或者概括的学习。

软件应用:掌握一些基础软件应用,如 Office 套件、数据处理软件等,这对于所有大学生都是非常有用的。同时,可以根据学生的专业需求,教授一些专业相关的软件应用,如 CAD、MATLAB、R 等。

项目实践:参与项目实践是提高计算机应用能力的非常有效的方式。学生可以根据自己的兴趣和专业需求,选择不同类型的项目进行实践,如编程项目、数据分析项目、网页设计项目等。

计算思维:计算思维是一种解决问题的方法,包括抽象化、自动化等。学生可以通过解决实际问题,逐渐培养自己的计算思维能力。

以上学习方式可以根据每个学生的个人兴趣、目标和能力进行调整和优化,以实现个性化和自适应学习。同时,定期反馈和评估也是保证学习效果的重要环节。

### 3. 大学思政类课程个性化学习和自适应学习

大学思政类课程是为了培养学生的思想品德和社会责任感而设立的课程。在大学思政类课程中,同样需要运用个性化学习和自适应学习的教学策略,以满足不同学生的需求和提高教学效果。

在个性化学习方面,大学思政类课程可以采取以下措施。

针对性教学:根据学生的背景、兴趣和需求,设置不同的课程内容和教学方法,让学生在适合自己的领域和需求的课程中学习。

多元化教学:通过多种教学方法和形式,如演讲、讨论、案例分析、读书报告等,让学生在不同的教学环境下学习,提高学生的学习效果。

个性化辅导:根据学生的学习进度和问题,提供个性化的辅导和指导,帮助学生解决自己的学习问题。

在自适应学习方面,大学思政类课程可以采取以下措施:

智能化评估:通过智能化评估,分析学生的思想品德和社会责任感水平和掌握程度,提供针对性的学习计划和学习建议。

自主学习:在教学过程中鼓励学生自主学习,通过网络和其他资源获取和分享信息,提高学生的自主学习和解决问题的能力。

学习反馈:及时反馈学生的学习情况和学习效果,为学生提供有效的反馈和指导。

个性化学习和自适应学习是大学思政类课程中非常重要的教学策略,通过运用现代教育技术手段,可以更好地满足学生的学习需求,提高学生的学习效果和素质,促进学生全面发展。

## 第五节 在线教育的个性化学习和自适应学习问卷调查示例

**1. 大学教师对个性化和自适应学习认识程度的问卷示例**

（1）您是否了解您所教授的学生的个性、兴趣、特长和能力？

（2）您是否在教学中考虑学生的个性化需求，并根据不同学生的需求采取不同的教学策略？

（3）您是否根据学生的表现和学习情况，对课程内容、教学方法进行自适应调整？

（4）您是否鼓励学生发挥创造力和创新精神？比如，鼓励学生进行课外项目或者参加创新竞赛。

（5）您是否定期与学生交流，了解他们在学习和成长中的困难和问题，并给予相应的帮助和支持？

（6）您是否为学生提供了多样化的学习机会和体验，比如参观博物馆、实地考察等？

（7）您是否在教学中注重个性化评价，考虑学生的特长和优势，并针对不同学生进行差异化评价？

（8）您是否认为您的教学方式已经满足了学生的个性化需求？

以上问题旨在了解教师是否具有个性化和自适应的教学意识和行动，并从中找到改进的空间，以满足学生的个性化需求。

**2. 高等数学课程的个性化或自适应的问卷示例**

（1）您对高等数学的自信程度是？

（2）您在哪些方面感到困难？（可多选）

　　a. 代数运算；b. 函数与极限；c. 微积分；d. 矩阵论；e. 偏微分方程；f. 其他（请注明）

（3）您喜欢哪种学习方式？（可多选）

a. 看教材自学；b. 上课听讲；c. 课下练习；d. 与同学讨论；e. 参加课外辅导；f. 其他（请注明）

（4）您的数学基础如何？（可多选）

a. 很好；b. 一般；c. 需要加强；d. 很弱

（5）您希望老师在课程中提供哪些帮助？（可多选）

a. 针对性地练习；b. 更多的例题和解题思路；c. 实际应用中的数学问题；d. 与同学合作解题；e. 课外辅导和指导；f. 其他（请注明）

（6）您觉得自己需要哪些方面的帮助来提高数学成绩？（可多选）

a. 更多的练习；b. 增强基础知识；c. 提高解题能力；d. 学习更多的数学知识；e. 其他（请注明）

（7）您自己觉得比较擅长的数学方面有哪些？（可多选）

a. 代数运算；b. 函数与极限；c. 微积分；d. 矩阵论；e. 偏微分方程；f. 其他（请注明）

（8）您希望老师在评分时，更注重哪些方面的表现？（可多选）

a. 课堂表现；b. 作业表现；c. 期中期末考试表现；d. 课外科研表现；e. 其他（请注明）

通过这个问卷，老师可以更了解学生的学习情况和需求，从而制定更加个性化的教学计划和教学方法，为学生提供更好的学习体验和成长机会。同时，学生也可以更清楚地了解自己的学习状态和需要，有针对性地提高自己。

### 3. 大学英语课程的个性化或自适应的问卷示例

（1）在哪些方面您觉得自己的英语水平需要提高？

（2）您希望提高哪些技能？例如阅读、写作、口语、听力等。

（3）您是否希望在学习英语的过程中获得更多的反馈和指导？

（4）您喜欢哪种类型的课程？例如讲座、小组讨论、实践课等。

（5）您在学习英语的过程中最喜欢的学习方式是什么？例如自主学习、团体学习、个别辅导等。

（6）您是否希望学习更多的专业术语和文化背景知识？

（7）您认为哪些方面是您在学习英语中的优势？例如词汇量、语法知识、口语表达等。

第十章 因材施教,重视个性化学习和自适应学习

(8) 您是否有任何特殊需求或要求?例如学习障碍、残疾、个人兴趣等。

(9) 您希望老师在哪些方面给您提供更多的支持和帮助?

(10) 您希望在哪些方面得到更多的挑战和提高?例如阅读难度、写作难度、口语难度等。

这些问题将帮助学生识别他们的强项和需求,并帮助教师设计出最适合学生的学习计划。例如,如果一个学生认为他们需要提高口语技能,那么教师可以提供更多的口语练习和课堂互动,以满足该学生的需求;如果一个学生在阅读方面表现出色,教师可以提供更具挑战性的阅读材料来帮助该学生进一步提高。这些个性化和自适应的措施可以提高学生的学习效率和满意度,让他们更快乐地学习英语。

# 第十一章 提升科研研发能力以适应未来教师角色转变

## 第一节 大学教师提升科研和研发能力及培养双师素质

大学教师作为高等教育的重要组成部分,除了承担教学任务外,还需承担科研和技术研发的任务。如何提升自身科研能力和技术研发能力,并培养双师能力,成为现代大学教师必须面对和解决的问题。

**1. 积极参与科研和技术研发**

大学教师要积极参与科研和技术研发活动,包括申请科研项目、发表学术论文、参加学术会议等。通过参与科研和技术研发,大学教师可以拓展自己的学术视野和研究方向,提升自身的科研和技术研发能力。

**2. 不断学习和更新知识**

大学教师要不断学习和更新知识,跟上时代发展和技术变革的步伐。可以通过阅读学术文献、参加学术讲座和研讨会、学习在线课程等方式,不断提高自己的学术水平和专业技能。

### 3. 建立合作和交流机制

大学教师可以建立合作和交流机制,与其他学者和企业合作开展科研和技术研发项目。通过与其他人员合作和交流,大学教师可以汲取其他人的专业知识和经验,提高自己的科研和技术研发能力。

### 4. 培养教学和科研并重的双师能力

大学教师要培养教学和科研并重的双师能力,不仅要重视教学任务,还要重视科研和技术研发任务。可以通过在教学中融入研究和实践案例,以及在科研和技术研发中融入教学内容等方式,实现教学和科研有机结合,提高双师能力。

大学教师要不断提升自身科研能力和技术研发能力,并培养双师能力,以适应时代发展和高等教育的需求。通过积极参与科研和技术研发、不断学习和更新知识、建立合作和交流机制、培养教学和科研并重的双师能力等多种方式,大学教师可以不断提高自己的学术水平和专业技能,为高等教育发展和质量提升做出更大的贡献。同时,高校管理部门也应该在政策和制度上给予支持和鼓励,为教师提供更好的学术研究和技术研发条件,推动高校教学和科研融合及创新。

## 第二节 未来在线教育的教师角色转变

未来在线教育发展将不仅变革学生的学习方式和教育模式,也将对教师的角色和职责产生深刻的影响。

### 1. 教师将成为学习的设计师

未来在线教育将更加关注学生的需求和个性化学习,教师将更多地扮演学习的设计师角色,负责课程设计和实施。他们需要了解学生的需求和特点,设计课程目标、学习任务和教学策略,为学生提供更加个性化、创新性和有效性的学习体验。

### 2. 教师将成为学习的指导者和支持者

未来在线教育将更加注重学生的自主学习和实践能力培养,教师将扮演学习的指导者和支持者角色。他们需要与学生建立紧密联系,提供指导和支持,促进学生学习和成长。

### 3. 教师将成为学习的评估者

在线教育将提供更多的学习数据和有效的评估机制,教师将扮演学习的评估者角色,评估学生的学习成果和能力。他们需要了解学生的学习状况和表现,通过数据分析和反馈机制提供有效的学习反馈和指导,促进学生学习和进步。

### 4. 教师将成为在线教育的创新者和领导者

在线教育是一种全新的教育模式,教师需要了解其背后的技术和理念,掌握新的教学方法和工具,积极探索和实践教育创新,成为在线教育的领导者和创新者。

### 5. 教师将面临更高的教学要求和挑战

随着在线教育的普及,教师将面临更高的教学要求和挑战。他们需要不断更新自己的知识和技能,适应在线教育的发展和变化,为学生提供更好的学习体验和教学效果。

在未来在线教育中,教师的角色将面临深刻的变化和挑战。教师需要适应新的教育模式和教学方法,成为学习的设计师、指导者和评估者,同时还要成为在线教育的创新者和领导者,为学生提供更好的学习体验和教学效果。教师需要积极参与在线教育的发展中,掌握新的技术和理念,不断更新自己的知识和技能,提高自己的教学水平和教育质量。同时,教育机构和政府部门也需要给予教师更多的支持和培训,为教师提供更好的工作环境和职业发展机会,促进在线教育健康发展。

# 管理篇

大学教育管理是推动学校发展的关键因素之一,也是培养学生全面发展的重要保障。大学管理者肩负着塑造学校文化、培育高水平师资队伍、建立教育教学质量保证体系、健全学生管理体系、推进校园信息化建设、招生就业与宣传、提升后勤服务质量以及规划智慧校园等重要任务。

本书《完整大学生活实践与教育管理创新:管理篇》旨在为大学管理者提供全面而实用的指导,帮助他们掌握管理的核心要素,实施创新的管理策略,提升学校的综合竞争力和影响力。通过对党建、管理服务育人理念、安全稳定措施、师资队伍建设、教育教学质量保证体系、学生管理体系、校园信息化建设、招生就业与宣传、后勤服务质量、校园规划与建设以及标志性成果培育等方面的探讨,我们旨在引导管理者们探索创新的管理路径,实现学校管理水平提升与突破。

在本书的管理篇中,我们将从多个层面、多个维度来讨论管理的重要性和方法。我们强调党建对于大学文化建设的保障作用,呼吁管理者树立管理育人、服务育人的理念,确保大学师生的安全稳定。我们还将探讨如何培育高水平师资队伍,建立教育教学质量保证体系,健全学生管理体系,发挥团委、学生会及社团的作用,加强校园信息化建设,以及提升后勤服务质量和推进校园规划与建设。

本书的管理篇旨在为大学管理者们提供具体而实用的管理指南,帮助他们在日常工作中把握管理的关键要素,实现学校管理与发展的目标。我们相信,通过持续的学习、创新和实践,每一位管理者都能够引领学校走向更加美好的未来。

让我们共同探索教育管理创新,共同努力打造具有影响力和竞争力的高等学府,为学生提供完整而丰富的大学生活,引领他们走向辉煌的未来!祝愿每一位管理者在《完整大学生活实践与教育管理创新》引领下,实现自己与学校的发展目标,书写管理的成功篇章!

# 第十二章　坚持党的领导,树立管理服务育人理念,落实安稳责任

## 第一节　党建是社会主义核心价值观指引下的大学文化建设的保障

社会主义核心价值观是引导大学发展的方向,社会主义核心价值蕴涵了我国大学精神,是大学文化的基础和主线。因此,大学党组织要通过高质量的思想组织作风建设,从自己的实际出发,通过学习、直面问题,促进制度建设和行为引导等,引领大学主体在社会主义核心价值体系指引下进一步明晰和感受现代大学精神和理念,健全体现大学精神和理念制度,发现树立大学精神的模范和践行大学理念的标杆,积淀大学文化特色,形成大学文化核心竞争力。

大学通过一系列党建工作,促进思想批判、继承与创新,促进追求科学与真理之风形成,促进马克思主义有效的传播与实践。此外,还要促进完善反映大学理念的大学制度,促进管理科学化、信息化、数字化,实现社会主义核心价值观指引下的大学文化建设。

大学党建是实现社会主义核心价值观指引下的大学文化建设的重要保障。

大学党建是指在高校内部建立和发展党的组织,推动党的路线、方针、政策在高校贯彻落实,加强党员队伍建设,提升党员的思想政治素质和服务能力,以党的领导推动大学发展。

大学党建对实现社会主义核心价值观指引下的大学文化建设的保障作用体现在多个方面。

### 1. 深化思想教育

党建工作通过定期组织各类思想政治教育活动,包括党课、座谈会、讲座等形式,引导广大师生深入学习、理解和践行社会主义核心价值观。通过这些活动,使学校师生加深对社会主义核心价值观的认识,树立正确的世界观、人生观和价值观。

### 2. 弘扬先进文化

党建工作以弘扬社会主义核心价值观为主线,积极宣传和倡导社会主义核心价值观的核心内容,推动校园文化建设向着积极向上、崇德向善、创新进取的方向发展。通过举办文化活动、艺术节、社团展示等形式,提升学生文化品位,营造积极向上、文明和谐的校园文化氛围。

### 3. 培养担当责任的公民

党建工作重视培养学生的社会责任感和公民意识,引导学生树立正确的权力观和利益观,强化责任意识。通过组织社会实践、志愿服务等活动,让学生深入社会,感受社会的需要和自己的责任,激励他们成为推动社会进步、服务他人、奉献社会的表率。

### 4. 增强服务意识

党建工作鼓励党员积极参与学校各项事务和社会实践活动,增强党员的服务意识和能力。通过组织志愿服务团队、开展社会实践项目等方式,培养学生乐于助人、乐于奉献的精神,促进社会主义核心价值观在学生中落地生根。

### 5. 加强党员队伍建设

党建工作注重党员队伍的组织建设和教育管理。通过组织定期的党员活动、

第十二章 坚持党的领导,树立管理服务育人理念,落实安稳责任

开展党员教育培训,提高党员的党性修养和强化组织纪律观念,确保党员队伍始终保持先进性和纯洁性。同时,加强对新党员的培养引导,帮助他们更好地理解党的理论、方针政策,并引导他们积极投身到学校的各项工作中去。

## 6. 营造良好政治生态

党建工作致力于加强党风廉政建设,倡导廉洁从政、清正廉洁的政治文化。通过推行党风廉政建设和反腐败工作,营造风清气正、风气良好的校园政治生态,提高学校领导干部和党员干部的廉洁自律意识,维护学校的政治安全和发展稳定局面。

## 7. 强化党的领导

党建工作推动党的领导在大学各项工作中贯彻落实,确保党的路线、方针、政策得到有效执行。在学校的决策制定、制度建设、重大工作推进等方面,党的领导起着重要的引领和协调作用,保障学校按照社会主义核心价值观的指引不断推进各项事业发展。

## 8. 建设党建品牌

党建工作注重将党的工作和学校文化建设有机结合,形成学校独具特色的党建品牌。通过建立党建活动的品牌项目、开展特色主题活动,营造浓厚的党建氛围,凝聚全校师生的共识和力量。

大学党建是实现社会主义核心价值观指引下的大学文化建设的重要保障。党建工作通过深化思想教育、弘扬先进文化、培养担当责任的公民、增强服务意识、加强党员队伍建设、营造良好政治生态、强化党的领导和建设党建品牌等方面的努力,推动大学文化建设朝着积极向上、崇德向善、创新进取的方向发展。这为学校培养德智体美劳全面发展的社会主义建设者和接班人,为构建社会主义和谐社会提供了重要的支撑和保障。

## 第二节 树立管理育人、服务育人理念

**1. 大学管理者要树立管理育人的理念**

高等教育是培养人才的重要场所,大学管理者是高等教育的主要责任人,需要树立管理育人的理念,将教育教学与管理服务相融合,为学生提供更好的支持和帮助,促进学生全面发展和终身学习。

首先,大学管理者需要明确自己的责任和使命,将管理视为育人的手段和途径。管理工作不仅仅是对学校的资源、财务、人员等进行统筹规划和安排,更应该重视对学生的育人工作。通过合理的管理和服务手段,可以为学生提供更好的学习和生活环境,激发学生的学习热情和兴趣,培养学生的综合素质和创新能力。例如,大学管理者可以建立多元化的教育教学环境,提供丰富多彩的教育资源,鼓励学生进行创新创业和社会实践等活动,帮助学生全面成长。

其次,大学管理者需要不断提高自身的管理水平和能力,积极推进大学管理现代化。现代管理需要注重科技创新、信息化、数据分析等,大学管理者需要了解现代管理理念和方法,掌握信息技术和数据分析技能,采用科技手段和管理工具,提高管理效率和质量。例如,大学管理者可以引进先进的管理软件,建立信息化平台,实现管理数据集中管理和快速分析,为学生提供更加高效、便捷的服务。

最后,大学管理者需要不断加强与教师、学生、社会沟通与交流,建立互信、共赢的关系。高校的管理工作需要教师、学生和社会各方力量广泛参与,大学管理者需要通过有效的沟通和交流,与各方建立良好的合作关系,充分发挥各方的优势和作用,共同推进学校发展和进步。

大学管理者需要树立管理育人的理念,将教育教学与管理服务相融合,为学生提供更好的支持和帮助,促进学生全面发展和终身学习。同时,大学管理者也需要不断提升自身的管理水平和能力,与教师、学生和社会各方建立互信、共赢的关系,共同推进学校发展和进步。

## 2. 管理者和后勤服务人员树立服务意识和服务育人的理念

大学作为高等教育的主要承担者,需要为学生提供全面的教育教学和管理服务。大学管理者和后勤服务人员是学校服务体系的重要组成部分,必须树立服务意识和服务育人的理念,将服务视为育人的重要内容和手段,为学生提供全方位、多元化的服务支持,帮助学生全面发展和终身学习。

首先,大学管理者和后勤服务人员需要树立服务意识,将服务放在满足学生和教师的需求上,积极主动地为他们提供优质的服务。服务意识要求管理者和服务人员充分了解学生和教师的需求和期望,注重学生和教师的体验,及时调整和改进服务内容和方式。例如,学生和教师在使用学校图书馆时,需要图书馆管理人员提供热情周到的服务,包括对阅览室管理、借阅规定等问题的咨询等作出热情的回应,这样才能提高学生和教师对图书馆的认可度和满意度。

其次,大学管理者和后勤服务人员需要树立服务育人的理念,将服务视为育人的重要内容和手段。服务育人的理念要求服务不仅仅是为了满足学生和教师的需求,更是为了促进他们全面发展和终身学习。服务育人需要将学生和教师的实际需求和学校育人目标相结合,设计符合学生和教师特点和需求的服务内容和方式,引导他们养成正确的学习态度和习惯,提高他们的学习效率和成果。例如,学校餐厅服务人员可以设计出营养丰富、种类多样、价格实惠的餐品,鼓励学生养成健康饮食的习惯,促进他们的身体健康和全面发展。

最后,大学管理者和后勤服务人员需要不断改进服务方式和质量,提高服务水平和效率。现代化服务需要注重科技创新、信息化、数据分析等,大学管理者和后勤服务人员需要了解现代服务理念和方法,掌握信息技术和数据分析技能,采用科技手段和管理工具,提高服务效率和质量。例如,学校可以通过建立信息化平台,实现服务数据集中管理和快速分析,为学生提供更加高效、便捷的服务,提高学生对服务的认可度和满意度。

大学管理者和后勤服务人员必须树立服务意识和服务育人的理念,将服务视为育人的重要内容和手段,为学生提供全方位、多元化的服务支持,帮助学生全面发展和终身学习。同时,大学管理者和后勤服务人员也需要不断改进服务方式和质量,提高服务水平和效率,实现服务育人的目标和使命。只有这样,才能满足学生和教师的需求,促进学校发展和进步。

## 第三节 确保大学师生安全稳定的措施

大学师生安全稳定是大学办学的基本前提和保障。大学应该采取一系列措施,确保师生人身安全和学习生活稳定,防范各种安全风险和突发事件发生。可从加强安全管理、落实责任制、完善安全设施、增强安全意识和应急处理等方面着手落实安全稳定工作。

### 1. 加强安全管理

大学应该加强安全管理,建立科学的安全管理体系,制定相应的安全管理规定和制度,明确安全管理的职责和权限,加强安全巡查和监督,及时发现和解决安全问题和隐患。在日常管理中,还应建立健全各类制度和规章制度,如住宿管理、学生活动管理、校园安保管理等,确保管理措施和方法合理、科学。

### 2. 落实责任制

大学应该落实安全责任制,明确各级领导、管理人员和师生的安全责任和义务,促进全员参与安全工作。建立相应的报告和反馈机制,对安全管理工作进行定期检查和评估,对安全管理工作中存在的问题进行整改。

### 3. 完善安全设施

大学应该完善安全设施,包括建立视频监控、门禁系统、紧急呼救系统、防火和灭火设施等安全设施,确保校园安全有序。并建立各种安全应急预案,做好突发事件应急处理工作。

### 4. 增强安全意识

大学应该加强师生的安全教育,增强他们的安全意识和防范意识。可以通过举办安全知识讲座、开展安全演练、组织安全技能培训、制作安全宣传材料等方式,宣传安全知识,增强师生的安全意识,增强他们的自我保护能力。

## 5. 应急处理

大学应该建立完善的应急处理机制,对各种突发事件进行预案编制、应急演练和应急响应。建立学校的安全热线和应急处理中心,及时处理各种突发事件和安全问题,确保师生人身安全和学习生活稳定。

# 第十三章 培育高水平师资队伍,建立教育教学质量保证体系

## 第一节 培育高水平师资队伍的重要性和措施

大学师资队伍是高质量教育的重要保障和核心竞争力,培育高水平师资队伍对于大学的长远发展和提高教育教学质量具有重要的意义和价值。下面将从高水平师资队伍的重要性和培育措施两个方面进行论述。

**1. 高水平师资队伍的重要性**

高水平师资队伍是大学提供高质量教育的重要保障和核心竞争力。高水平师资队伍具有扎实的学术功底、较高的教育教学水平、丰富的科研经验和创新意识,能够为学生提供更好的教育和指导,推动学科和专业发展和创新。他们是大学在学术界和产业界具有影响力和竞争力的重要标志和代表。

第十三章　培育高水平师资队伍,建立教育教学质量保证体系

### 2. 培育高水平师资队伍的措施

建立科学的选拔和评价机制。大学应该建立科学的选拔和评价机制,通过公正、公开、竞争的方式选拔和评价优秀的师资人才。这包括制定明确的选拔标准和评价指标、建立严格的考核和评估体系等方面的措施。

加强师资队伍培训和发展。大学应该加强师资队伍培训和发展,为教师提供更多的学术和教育教学培训机会,提高他们的学术水平、教学水平和综合素质。这包括建立师资培训和发展计划、开设教学和教育管理培训课程、支持教师参与学术研究和项目申报等方面的措施。

加强师资队伍引进和留用。大学应该加强对优秀人才的引进和留用,制定有吸引力的薪酬体系和福利政策,提供优良的工作环境和发展平台,为教师提供更好的发展机会和前景,促进优秀人才留用和聚集。

加强师资队伍内外交流和合作。大学应该加强师资队伍内部以及师资队伍与外部交流和合作,为教师提供更多的学术交流和合作平台,促进教师互相学习和借鉴,提高学科和专业的整体水平和影响力。这包括开展学术讲座和研讨会、建立学术交流和合作平台、推动国内外学术交流和合作等方面的措施。

加强对师资队伍的管理和激励。大学应该加强对师资队伍的管理和激励,建立严格的管理体系和考核机制,对教学和科研表现突出的教师给予适当的激励和奖励,同时对表现不佳的教师给予适当的约束和改进措施,提高师资队伍的整体素质和绩效水平。

培育高水平师资队伍是大学提高教育教学质量和国际竞争力的必由之路。大学应该注重对师资队伍的引进、培训、留用、交流和管理,建立科学的选拔和评价机制,为教师提供更好的发展机会和平台,促进教师互相学习和交流,提高整体素质和绩效水平,以便为学生提供更好的教育和指导,推动学科和专业发展和创新。

 ## 第二节　建立大学教育教学质量保证体系

大学教育教学质量保证体系是大学教育教学管理的重要组成部分,它是保障

教育教学质量的制度保障。建立完善的大学教育教学质量保证体系,需要从六个方面入手。

### 1. 明确质量保证体系的目标和要求

明确质量保证体系的目标和要求,即明确大学教育教学的发展方向和目标,根据这些目标和要求制定相应的质量保证计划和标准,建立完善的教育教学管理体系,确保大学教育教学的质量。

### 2. 建立和完善各类管理和服务机制

建立和完善各类管理和服务机制,包括质量保证管理机构、学科评估机构、教学管理机构、教学支持服务机构等,以确保大学教育教学质量保证体系建设和实施。此外,还需要建立各类制度和规章制度,如教学计划和课程设置、教师和学生的素质要求、教学方法和手段、教育教学管理和服务等方面的制度和规章制度。

### 3. 完善教学评估与监控机制

教学评估和监控机制是大学教育教学质量保证体系的重要环节。可以通过内部评估、外部评估、学生评估、教师评估、专家评估等方式进行评估和监控。评估和监控的结果可以为大学的教育教学质量提供科学的依据和参考,为后续的教育教学改进和优化提供基础。

### 4. 加强师资队伍建设

大学教育教学质量的好坏直接取决于师资队伍的质量。大学需要加强师资队伍建设,提高教师的教育教学水平和教学质量,加强教师培训和管理,推广和应用新的教育教学理念、方法和技术,提升教师的专业素养和教学能力。

### 5. 强化学生教育管理和服务

学生是大学教育教学的重要参与者和受益者,直接关系到教育教学质量的高低。大学需要加强学生教育管理和服务,建立健全的学生管理机制和服务机制,提高学生的自我管理能力和学习能力,积极开展学生教育和培训活动,培养学生的创新精神和实践能力,以提高学生的整体素质和就业竞争力。

## 6. 持续改进和创新

持续改进和创新是大学教育教学质量保证体系的重要目标和要求。大学需要不断地进行教育教学研究和创新，推广和应用新的教育教学理念、方法和技术，不断提高教育教学质量。同时，还需要定期开展教育教学质量评估和监控，发现教育教学工作中存在的问题和不足，及时进行改进和提升。

建立完善的大学教育教学质量保证体系，需要各方面协同配合和持续努力。只有通过大力推进教育教学改革和创新，不断完善教育教学质量保证体系，才能够提高大学的教育教学质量，为培养优秀人才、服务社会经济发展做出更大的贡献。

# 第十四章 健全学生管理体系,发挥团委和学生会及社团作用

## 第一节 健全学生管理体系

学生管理是大学教育教学工作的重要组成部分,它是为了引导和规范学生行为,促进学生全面发展和健康成长而进行的管理。建立完善的学生管理体系,可以提高大学学生的综合素质和整体竞争力,为学生未来的人生和职业规划提供帮助和支持。

大学学生工作管理体系是确保学生全面发展、提高学生工作质量的关键。

### 1. 建立学生工作管理体系的要素

组织管理:建立完善的学生工作组织架构,明确各级学生工作部门和辅导员的职责、权限和协作关系。

学生发展规划:制定全面的学生发展规划,包括学业、素质教育、职业规划等方面,以指导学生健康成长。

学生心理健康教育:开展心理健康教育活动,提高学生的心理素质和应对压

力的能力。

学生安全与纪律管理：建立健全的安全管理制度，确保学生安全；加强纪律教育，培养学生遵纪守法的良好习惯。

学生组织与活动管理：支持学生社团和活动发展，培养学生的团队合作和组织能力。

学生资助与奖励：完善奖学金、助学金、贷款等资助政策，对表现优秀的学生进行奖励。

学生就业指导与服务：提供就业信息、就业指导、实习安排等服务，帮助学生顺利实现就业。

信息化管理：实现学生工作管理信息化、自动化和智能化，提高工作效率。

## 2. 辅导员的主要职责

学生思想政治教育：负责学生思想政治教育工作，引导学生树立正确的世界观、价值观和人生观。

学生管理与服务：负责班级管理，协助学生解决生活、学习等方面的问题，提供必要的帮助和支持。

学生活动组织与指导：组织和指导学生参加各类活动，培养学生的团队合作、组织协调能力。

学生心理健康辅导：关注学生的心理健康，为有需要的学生提供心理辅导和帮助。

学生成长评价与反馈：对学生的学习、生活、素质等方面进行全面评价，及时向学生和家长反馈评价结果。

学生资助与奖励管理：负责班级奖学金、助学金等资助项目申报与审核工作，确保资助政策得到公平、公正实施。

学生就业指导：为学生提供就业信息和就业指导，协助学生制定职业规划和发展目标。

家校联系与沟通：建立与学生家长的联系，及时沟通学生在校情况，促进家庭教育与学校教育有效衔接。

学生档案管理：负责学生档案建立、更新和管理，确保学生信息准确、完整。

参与学生工作研究与改革：关注学生工作的新动态、新理念，参与学生工作制度研究与改革。

建立大学学生工作管理体系的要素包括组织管理、学生发展规划、学生心理健康教育、学生安全与纪律管理、学生组织与活动管理、学生资助与奖励、学生就业指导与服务以及信息化管理等。辅导员作为学生工作的主要负责人，需要关注学生的全面发展，承担思想政治教育、学生管理与服务、活动组织与指导、心理健康辅导、成长评价与反馈、资助与奖励管理、就业指导、家校沟通、档案管理和学生工作研究与改革等职责。

### 3. 大学新生的个性化或自适应的问卷示例

（1）在选择专业时，您更注重哪些方面？

a. 自己的兴趣和爱好；b. 就业前景和薪资水平；c. 专业对社会的贡献；d. 专业的学科实力和难度

（2）您认为自己的学习兴趣和适应能力属于以下哪种类型？

a. 喜欢独立思考、探索、实践，适应能力强；b. 喜欢交流、合作、分享，适应能力强；c. 喜欢按部就班、规划、执行，适应能力一般；d. 喜欢被指导、规范、安排，适应能力较差

（3）您希望大学辅导员提供哪些方面的帮助？

a. 个人成长、自我认知和情感管理方面的指导；b. 学习方法、时间管理和学科知识方面的指导；c. 社交、沟通和人际关系方面的指导；d. 就业、实习和职业规划方面的指导

（4）在学习和生活中，您经常面临哪些挑战和困难？

a. 学习上的困难，如专业知识不足、作业压力大等；b. 时间和精力不足，导致学习和生活无法平衡；c. 情绪波动、自我怀疑和焦虑等心理问题；d. 社交难题、人际矛盾、适应困难等方面的问题

（5）您对大学生活中哪些方面最感兴趣？

a. 学术科研、学科竞赛和学术活动等；b. 社会实践、公益志愿者和社团活动等；c. 体育运动、健身休闲和旅游探险等；d. 文化艺术、校园文化和娱乐休闲等

针对大学新生的问卷还可以详细列举：

个人信息：包括学生的姓名、性别、年龄、籍贯、所在学院、专业等基本信息。

学习习惯：调查学生的学习时间、学习地点、学习方式等情况，了解学生的学习习惯，为后续提供个性化学习方案做铺垫。

学习需求：调查学生对于大学学习的期望和目标，以及学生认为自己需要提

高的学科或技能等方面,进一步了解学生的学习需求,为后续提供个性化学习方案提供指导。

学习困难:调查学生在学习过程中遇到的困难和问题,以及对于学习困难的反应和解决方法等方面,帮助辅导员了解学生在学习中的困难和问题,及时提供帮助和解决方案。

社交情况:调查学生的社交情况,包括与同学、室友和老师交流、参加社团活动等方面,进一步了解学生的社交需求和情况,为后续提供个性化发展方案提供指导。

心理健康:调查学生的心理健康状况,包括对大学生活的适应程度、是否存在心理问题、如何处理心理问题等方面,帮助辅导员及时发现学生的心理问题,及时提供帮助和解决方案。

兴趣爱好:调查学生的兴趣爱好,了解学生的特长和优势,为后续提供个性化发展方案提供参考。

其他问题:调查学生在入学后遇到的其他问题和需要,以及对于学校和教育的反馈和建议等方面。

通过以上问卷的调查,辅导员可以了解到学生的基本信息、学习需求和困难、社交情况、心理健康和兴趣爱好等方面的情况,为后续提供个性化辅导和指导提供参考依据。同时,问卷调查也可以帮助学校和教育机构更好地了解学生的需求和反馈,以及不断改进和优化教育服务,提高教育质量和满意度。

## 第二节 发挥团委引领作用

团委作为学校学生组织的重要部门,发挥着重要的作用,特别是在引导大学生树立远大志向、践行社会主义核心价值观方面。

### 1. 引导大学生树立正确的人生观和价值观

团委通过开展各类活动和项目,引导大学生树立正确的人生观和价值观,鼓励他们追求真善美,关注社会责任和公共利益。团委可以组织社会实践、志愿服务、文化活动等,让大学生亲身体验社会实践,增强社会责任感和担当意识。

### 2. 培养大学生的组织能力和领导才能

团委通过学生会、社团组织等平台,培养大学生的组织能力、领导才能和团队合作精神。团委可以组织学生干部培训、领导力训练等活动,提升大学生的组织管理水平和领导素质。

### 3. 提供学生发展的平台和机会

团委为学生提供各类发展机会和平台,鼓励他们参与学生组织和社团活动。团委可以组织各类学术、文化、体育比赛等活动,为大学生展示才艺、锻炼能力提供舞台。

### 4. 建立学生信息交流平台

团委可以通过建立学生信息交流平台,促进学生之间交流与合作。团委可以组织学生代表大会、学生座谈会等活动,收集学生的意见和建议,反映学生的诉求,为学校决策提供参考。

### 5. 倡导文明和谐校园氛围

团委可以倡导和组织各类活动,营造文明和谐的校园氛围。团委可以开展校园文明礼仪教育、道德评选、文明公约签署等活动,引导学生养成良好的行为习惯和道德品质。

### 6. 关注大学生的成长和困难

团委要关注大学生的成长和困难,提供心理咨询、就业指导、资助申请等服务。团委可以开展大学生就业创业指导讲座、心理健康讲座、资助政策宣传等活动,为大学生提供全方位的支持和帮助。

### 7. 建立与学生家长沟通的渠道

团委可以建立与学生家长有效沟通的渠道,及时了解家长对大学生工作的关注和需求。团委可以定期组织家长会议、家长讲座等活动,加强与家长互动和合作,形成家校共育的良好氛围。

### 8. 加强学风建设和思想教育

团委要加强学风建设和思想教育,推动学生形成积极向上的学习态度和高尚的品德修养。团委可以组织学习讲座、学习小组等活动,引导学生培养良好的学习习惯和自主学习能力。

通过以上各项工作,团委扮演着组织者、引领者和服务者角色,引导大学生树立远大志向,践行社会主义核心价值观。团委在促进大学生全面发展、提升学生素质和推动大学文化建设方面起着重要的作用,为培养社会主义建设者和接班人做出积极贡献。

## 第三节 建立学生会和社团管理体系,突出特色社团与校队

### 1. 建立学生会和社团管理体系的关键要素

建立学生会和社团管理体系是为了推动学生自治和学生组织发展,营造完整大学生活实践氛围。

学生会和社团组织架构:建立清晰的学生会和社团组织架构,明确各级学生会和社团的职责、权限和协作关系。设立学生会主席团、社团联合会等机构,确保学生组织有效运行和管理。

规范化管理制度:制定学生会和社团的管理制度和规章,包括选举制度、经费管理制度、活动组织制度等,明确学生会和社团的权责和运行规范。加强对学生干部的培训和考核,提高管理水平和执行力。

资源支持和保障:为学生会和社团提供必要的资源支持和保障,包括场地、设备、经费等。建立健全的申请和审批机制,确保资源公平分配和有效利用。

活动策划和组织:鼓励学生会和社团组织各类丰富多样的活动,包括文化艺术、学术科技、体育竞技等方面的活动。提供活动策划、组织和宣传支持,引导学生会和社团注重活动的质量和影响力。

老师指导和辅导：指派专业老师或学生事务工作人员负责指导和辅导学生会和社团的工作。老师可以提供专业指导、组织能力培训、团队合作指导等支持，帮助学生会和社团提升自身发展水平。

学生会和社团互动交流：组织学生会和社团之间互动交流，促进彼此之间合作与共赢。举办交流会、联合活动等，增进学生会和社团之间沟通与合作，激发创新思维和合作精神。

社团评估和认定：建立社团评估和认定机制，根据社团的运作情况、成果和影响力进行评估和认定。鼓励社团提升自身能力，推动社团活动创新和发展。

多元化社团发展：鼓励学生自发组建社团，充分发挥学生的创造力和兴趣特长。鼓励学生自愿组建各类社团，涵盖文化艺术、体育健身、学术科技、社会公益等多个领域。提供社团注册和管理支持，为学生提供丰富多样的参与社团活动的机会。

学生会和社团宣传和推广：加强学生会和社团宣传推广工作，提升学生会和社团的知名度和影响力。利用校园媒体、社交媒体等渠道进行宣传，组织推介活动，吸引更多学生参与学生会和社团中。

建立学生组织评价体系：建立学生组织评价体系，对学生会和社团的组织能力、活动质量、影响力等进行评估和评价。根据评价结果，提供指导和改进意见，推动学生会和社团不断发展和提升。

通过建立学生会和社团管理体系，可以有效营造完整大学生活实践氛围。学生会和社团作为学生自治和组织发展的重要平台，为学生提供了广阔的展示才艺、锻炼能力、培养领导力的舞台。同时，学生会和社团活动丰富了校园文化，促进了同学之间交流与合作，培养了学生的团队合作精神和创新思维能力，提升了学生的综合素质和社会责任感。

## 2. 建立有特色的各类社团和校队措施

学术类社团：数学与科学研究协会、计算机科学与技术协会、人工智能与机器人研究协会、心理学研究协会、财经与管理研究协会、英语俱乐部等。

文艺类社团：文学与艺术创作协会、摄影协会、话剧社、舞蹈社、音乐社等

公益类社团：志愿者协会、环保协会等

体育类校队：篮球、足球、排球、乒乓球、羽毛球等校队。

其他类别社团：创业与创新协会、棋类与智力游戏协会、轮滑协会、武术与拳

击协会等。

以上是一些常见的大学社团和校队,实际上每个学校可能会有自己独特的社团和校队,各具特色。要让上述社团和校队更具特色,可以考虑以下措施:

定位与特色:每个社团和校队应明确自己的定位和特色,并根据定位开展活动和培养成员。例如,数学与科学研究协会可以注重学术研究和科学竞赛,计算机科学与技术协会可以专注于技术创新和开发项目。通过凸显独特的定位和特色,吸引志同道合的学生参与,并提供与特色相关的培训和活动。

丰富活动内容:社团和校队可以组织丰富多样的活动,以满足不同成员的需求。除了常规的学术研讨、技术讲座或比赛,还可以开展创新实践、实地考察、访问交流等活动。文艺类社团可以举办创作展览、演出或参加文化节等,体育类校队可以参加校际比赛、举办体育赛事等。通过多样化的活动内容,增加社团和校队的吸引力和影响力。

学术指导与培训:为社团和校队提供专业的学术指导和培训支持。可以邀请相关领域的专家或教师进行学术讲座、技术指导或实践指导,提供学术资源和指导,帮助成员提升专业能力和学术水平。

跨学科合作:鼓励社团和校队开展跨学科合作,促进不同领域交流和合作。例如,数学与科学研究协会可以同计算机科学与技术协会合作开展科学和技术创新项目,心理学研究协会可以同英语俱乐部合作开展跨文化交流活动。跨学科合作能够拓宽成员的视野,提升综合能力。

社会实践与服务:社团和校队可以组织相关的社会实践和公益服务活动,使成员能够将学习与实践结合起来,为社会做出贡献。例如,公益类社团可以开展社区义工活动,体育类校队可以组织体育公益赛事,文艺类社团可以进行公益演出等。通过社会实践和服务,培养成员的社会责任感和公益意识,加强社团和校队与社会联系。

建立品牌形象:社团和校队可以注重建立自己的品牌形象,包括标志、口号、形象宣传等。通过塑造独特的品牌形象,增强社团和校队的辨识度和吸引力。可以设计专属的标志和海报,制作宣传资料和视频,利用社交媒体和校园媒体进行宣传推广。

建立合作与交流平台:促进社团和校队之间合作与交流,创造良好的学术和文化交流氛围。可以组织社团和校队交流会、论坛或联谊活动,共享资源、经验和成果。同时,与其他学校或组织建立合作关系,参加校际或地区性的比赛、展览等,扩大影响力和交流范围。

鼓励创新和持续发展:为社团和校队提供创新和持续发展的机会和支持。鼓励成员提出新的想法和项目,提供资源和指导帮助他们实现创新。同时,关注社团和校队的成员变动和延续性,培养新一代的领导人和核心成员,确保社团和校队持续发展。

通过以上措施,社团和校队可以凸显自己的特色和优势,吸引更多的学生参与,形成多元、丰富的学生活动氛围。同时,不断提升社团和校队的影响力和能力,为成员提供更多的成长和展示的机会,推动学生在学术、文艺、公益和体育等领域全面发展。

## 第四节　校园大型活动组织与管理要素

### 1. 大学例行的大型活动

迎新活动:每学年开始时,学校会组织迎新活动,以欢迎新生加入大学。这包括开学典礼、迎新晚会、新生军训等,旨在建立良好的学习和社交环境,帮助新生适应校园生活。

校园文化节:学校会定期举办校园文化节,以展示学生的才艺和创作成果。文化节通常包括文艺演出、艺术展览、手工制作展示、摄影比赛、短剧比赛等各类文化艺术活动。

学术科技周:为促进学术交流与科技创新,学校会举办学术科技周活动。这包括学术报告会、学术研讨会、科技成果展示、创新创业大赛等,旨在提升学生的学术研究能力和科技创新能力。

运动会:学校通常每年或每学期举办一次运动会,以鼓励学生积极参与体育运动,增强身体素质。运动会包括各类体育比赛项目,如田径、篮球、足球、游泳等,同时也会有开幕式和闭幕式等精彩的文艺表演。

校庆活动:学校校庆是一个重要的历史节点,学校会组织一系列的庆祝活动。

校庆活动包括校庆典礼、校友联谊、校友讲座、校园开放日等,旨在回顾学校的发展历程,加强校友联系,展示学校的成就和影响力。

毕业典礼:每年的毕业季,学校会举行盛大的毕业典礼,为即将毕业的学生送上祝福和祝贺。毕业典礼通常包括庆祝仪式、校友寄语、毕业生代表发言等,标志着学生在大学阶段圆满结束和新的人生起点开始。

此外,还有一些其他的大型活动,如艺术节、志愿者服务活动、科技创新大赛、职业招聘会、学术讲座、名人演讲、文化交流活动等。这些活动旨在提供丰富多样的学习、交流和发展机会,帮助学生拓宽视野、提升能力,丰富学生的校园经验,促进学生全面发展和个人成长,展示自己的才艺、锻炼领导力、拓展人脉关系,并丰富自己的知识和技能。这些活动也为学校营造了积极向上、充满活力的校园文化氛围。

## 2. 大学大型活动的组织与管理要素

策划与规划:在组织大型活动之前,需要进行充分的策划与规划。确定活动的目标、主题、时间、地点等,并制定详细的活动方案和计划。策划与规划阶段需要考虑活动的预算、资源需求、人力安排等,确保活动顺利进行。

团队建设:建立一个专业的组织团队,负责活动的各个方面。团队成员应具备相关专业知识和技能,并分工明确,密切协作。团队领导者要有领导能力和团队管理能力,能够有效地组织和指导团队成员。

资源管理:大型活动需要充分考虑各类资源管理,这包括场地租赁、设备器材准备与运输、音响灯光配置、食品饮料供应等。合理规划和管理资源,确保活动所需的资源充足,并能够高效地利用和调配。

宣传与推广:在活动筹备阶段,进行有效的宣传与推广是至关重要的。通过多种渠道,如校园广告、社交媒体、宣传海报等,向目标群体传达活动信息,吸引人们关注和参与。

安全与风险管理:大型活动涉及人员聚集、设备使用等多个方面的安全风险。因此,要制定详细的安全管理计划,包括人员安全、设备安全、应急预案等方面。同时,设立专门的安全保卫团队,负责活动期间的安全维护和紧急事件处理。

参与者服务与管理:为参与活动的人员提供良好的服务与管理是至关重要的,这包括参与者的报名与注册、入场安排、指引与引导、咨询与解答等。要确保参与者的需求得到满足,营造良好的参与体验。

绩效评估与改进:活动结束后,要进行绩效评估和反馈收集。通过参与者的反馈、活动效果评估等方式,了解活动的成功之处和改进之处。根据评估结果,对活动的组织和管理进行总结和改进,以提升未来活动的质量和效果。

# 第十五章 校园信息化建设要素

## 第一节 校园网络建设与学生信息管理系统

大学校园网络建设是现代高校信息化建设的基础和关键组成部分,涉及网络设备选型、网络架构设计、网络安全、网络管理等多个方面。

### 1. 大学校园网络建设要素

网络架构设计:合理规划网络架构,包括核心层、汇聚层和接入层,以实现校园内各类业务系统高速互联和稳定运行。

网络设备选型:选择合适的网络设备,如交换机、路由器、防火墙、无线 AP 等,以满足校园网络的性能、扩展性和安全需求。

网络接入:提供有线和无线网络接入服务,确保学生、教职员工在校园范围内能够方便地上网和使用各类业务系统。

网络安全:建立完善的网络安全防护体系,包括防火墙、入侵检测、数据备份、恢复等措施,以保障校园网络安全稳定运行。

网络管理:实现网络设备集中管理、监控和维护,包括设备配置、故障排查、性能监控、日志分析等功能。

网络优化:通过对网络流量、业务应用等进行分析,对网络进行持续优化,提高网络性能和用户体验。

带宽管理:合理分配和调整校园网络的外部带宽,确保关键业务系统畅通无阻,提高网络资源的利用效率。

信息服务:提供各类信息服务,如校园门户、教务系统、邮件系统等,满足学生、教职员工的日常学习和工作需求。

网络教育资源:构建丰富的网络教育资源平台,如在线课程、数字图书馆、实验室管理系统等,为教学和科研提供支持。

网络文化建设:培养网络文明、网络安全意识,开展网络文化活动,营造健康、文明的校园网络环境。

## 2. 学生信息管理系统要素

大学学生信息管理系统是现代高校管理的关键组成部分,涉及学生的基本信息、选课、成绩、奖惩、毕业及就业等多个方面。

学生基本信息管理:负责学生的基本信息登记,如姓名、学号、年级、专业、班级、联系方式等。学生信息管理系统需支持信息录入、查询、修改等功能。

选课管理:协助学生进行课程选择,保证学生选课的合理性和平衡性。学生信息管理系统应支持选课申请、审批、课程查询、选课结果等功能。

成绩管理:记录学生的考试成绩、平时成绩和综合成绩,为学生提供及时的成绩反馈。学生信息管理系统需支持成绩录入、查询、分析等功能。

奖惩管理:记录学生的奖励与惩罚信息,激励学生积极参加学术、科研和社会活动。学生信息管理系统应支持奖励与惩罚信息录入、审批、查询等功能。

奖学金与助学金管理:负责奖学金和助学金申请、审批、发放等流程。学生信息管理系统需支持奖助学金申请、资格审核、名单公示等功能。

毕业管理:确保学生顺利完成毕业要求,获得学位证书。学生信息管理系统应支持毕业审核、学位申请、毕业证书颁发等功能。

就业信息管理:为学生提供就业信息和招聘服务,帮助学生顺利实现就业目标。学生信息管理系统需支持就业信息发布、简历管理、招聘会安排等功能。

实习实训管理：负责学生的实习实训安排、实习单位对接、实习报告审批等工作。学生信息管理系统应支持实习申请、实习单位管理、实习报告提交等功能。

信息化管理：实现学生信息管理流程信息化、自动化和智能化，提高工作效率。学生信息管理系统应具备高度集成、易用性、扩展性和安全性。

数据分析与决策支持：通过对学生数据的深入分析，为高校领导和管理者提供决策支持。学生信息管理系统应具备数据统计、分析和可视化功能，帮助优化学生管理策略。

## 第二节 教务管理系统与教学平台建设

### 1. 教务管理系统要素

大学教务管理系统是现代高校管理的核心组成部分，涉及课程安排、选课管理、成绩管理、教学质量监控、教师管理等多个方面。

课程安排：负责学校课程规划与安排，包括课程设置、课程时间、授课教师等。教务管理系统需支持课程信息录入、查询、修改等功能。

选课管理：协助学生进行课程选择，保证学生选课的合理性和平衡性。教务管理系统应支持选课申请、审批、课程查询、选课结果通知等功能。

成绩管理：记录学生的考试成绩、平时成绩和综合成绩，为学生提供及时的成绩反馈。教务管理系统需支持成绩录入、查询、分析等功能。

教学质量监控：负责教学质量评估与监控，包括教学督导、教学评价、课程评价等。教务管理系统应支持教学质量评价指标设定、数据采集、分析报告等功能。

教师管理：管理教师的基本信息、职称职务、教学任务分配、教学成果等。教务管理系统需支持教师信息录入、查询、修改、教学任务分配等功能。

教学资源管理：实现教学资源统一存储、权限设置、共享等功能。教务管理系统应支持教材、课件、视频、音频等资源上传、下载、在线预览等功能。

教学计划与培养方案：根据学校的发展战略和专业特点，制定教学计划和培养方案。教务管理系统需支持教学计划编制、审批、查询等功能。

学籍管理：负责学生学籍管理，包括入学、转专业、休学、复学、毕业等。教务管理系统应支持学籍信息录入、查询、修改、学籍异动处理等功能。

信息化管理：实现教务管理流程信息化、自动化和智能化，提高工作效率。教务管理系统应具备高度集成、易用性、扩展性和安全性。

数据分析与决策支持：通过对教务数据的深入分析，为高校领导和管理者提供决策支持。教务管理系统应具备数据统计、分析和可视化功能，帮助优化教务管理策略和提高教学质量。

## 2. 教学系统平台建设要素

资源管理：教学平台应整合各类教育资源，如课程大纲、教材、课件、视频、音频等，方便教师和学生随时随地获取所需的学习资料。同时，平台应支持教师上传、更新和管理这些资源。

互动学习：平台需要支持实时讨论、问答、小组项目等在线互动功能，以增强学生之间的沟通和协作能力。此外，平台还应支持教师与学生实时沟通，方便解答疑问、指导学习。

测试与评估：教学平台需提供在线测试功能，整合试题库并支持自动批改、成绩统计等。此外，平台还应具备在线评估功能，如教学效果评价、教学督导等，以便改进教学质量。

作业与实践：平台应支持作业提交、实验实训实习流程库、课程论文和毕业设计题库等实践性内容。学生可以在平台上提交作业、查找实验任务、选择论文题目等，而教师则可以对这些内容进行管理和评估。

成绩分析：教学平台需具备成绩分析功能，包括对学生的测试成绩、作业成绩、实践成绩等进行统计和分析。通过对这些数据的深入挖掘，教师可以发现潜在问题并制定更有效的教学策略。

个性化学习：平台应提供个性化学习功能，根据学生的兴趣和能力为其推荐合适的学习资源。同时，平台应记录学生的学习过程和成果，以便分析学习数据并制定个性化的教学方案。

数据安全与隐私保护：教学平台需重视信息安全和隐私保护，采用先进的加密技术和安全措施，确保教学数据安全传输和存储。同时，平台还应遵循相关法律法规，保护学生和教师的个人隐私。

移动学习支持：随着移动设备的普及，教学平台应支持移动学习，为学生提供便捷的学习体验。平台应兼容各种移动设备，如智能手机、平板电脑等，并提供专门的移动应用，方便学生随时随地进行学习。

系统管理与监控：教学平台需提供易用的系统管理功能，方便教师和管理员对资源、试题库、实验实训实习流程库、课程论文和毕业设计题库等进行管理。同时，平台还应具备监控功能，以确保教学活动正常进行和学术诚信。

与教育生态系统整合：教学平台应与校园内外的其他数字化系统整合，如学校管理系统、图书馆系统、实验室系统等，实现资源共享和业务协同，以提高校园数字化建设的整体效果。

未来大学发展趋势是推进数字化校园建设，打造一体化信息管理平台，实现信息共享和流通，构建数字化校园生态环境。同时，大学将逐步实现智慧教育和智慧管理，提高大学的管理水平和服务质量，实现高质量教育教学管理。各个要点需不断优化与完善，以满足现代大学教育管理和服务的需求。

## 第三节 实验室和图书馆及科研信息管理系统

### 1. 实验室管理系统要素

大学实验室管理系统是现代高校管理的重要组成部分，涉及实验室资源分配、设备管理、安全监管、实验教学与科研等方面。

实验室基本信息管理：负责实验室的基本信息登记与维护，如实验室名称、位置、负责人、联系方式等。实验室管理系统需支持信息录入、查询、修改等功能。

实验室资源分配：根据学生和教师的需求，合理分配实验室资源，如实验室开放时间、实验设备、实验材料等。实验室管理系统应支持资源申请、审批、调拨等功能。

实验室设备管理：负责实验室设备采购、登记、维修与保养。实验室管理系统需支持设备信息录入、设备状态监控、故障报修、保养计划等功能。

实验安全监管：确保实验室安全，包括实验室安全规章制度制定与实施、实验室安全培训、事故应急处理等。实验室管理系统应支持安全检查、事故报告、安全培训记录等功能。

实验教学管理：支持实验课程安排与实施，包括实验课程安排、实验教学资源提供、实验成绩管理等。实验室管理系统需支持实验课程安排、实验教学资料上传、实验成绩录入等功能。

实验预约与审批：允许师生根据需求预约实验室资源，如设备、场地等。实验室管理系统应支持预约申请、审批、预约结果查询等功能。

科研项目管理：支持实验室科研项目协同管理，包括项目申请、执行、监控和总结。实验室管理系统应具备项目申请、成员管理、进度报告、科研成果登记等功能。

实验室人员管理：负责实验室人员管理，包括实验室工作人员、学生实习生、访问学者等。实验室管理系统需支持人员信息登记、角色分配、权限设置等功能。

信息化管理：实现实验室管理流程信息化、自动化和智能化，提高工作效率。实验室管理系统应具备高度集成、易用性、扩展性和安全性。

数据分析与决策支持：通过对实验室数据的深入分析，为高校领导和管理者提供决策支持。实验室管理系统应具备数据统计、分析和可视化功能，帮助优化实验室管理策略和提高实验室综合效益。

## 2. 图书馆与档案管理系统要素

大学图书与档案管理系统是现代高校管理的重要组成部分，涉及图书馆资源管理、档案管理、信息检索、数字资源共享等多个方面。

图书馆资源管理：负责图书馆资源采购、编目、上架、借阅、归还等环节。系统需支持图书信息录入、查询、修改、库存管理等功能。

档案管理：负责学校档案资料收集、整理、存储、查询、借阅与利用等环节。系统应支持档案信息录入、查询、修改、档案借阅申请等功能。

信息检索：提供方便快捷的信息检索服务，包括关键词检索、分类检索、主题检索等。系统需支持多种检索方式、检索结果排序、结果过滤等功能。

数字资源共享：实现数字化资源统一存储、权限设置、共享与利用。系统应支持电子书、期刊、论文等资源上传、下载、在线阅读等功能。

读者服务：为学生、教师提供个性化的读者服务，包括借阅历史、预约图书、推荐购书等。系统需支持读者信息管理、借阅记录查询、预约通知等功能。

数据分析与统计：通过对图书与档案数据的深入分析，为学校领导和管理者提供决策支持。系统应具备数据统计、分析和可视化功能，帮助优化资源配置和服务策略。

知识组织：采用现代知识组织方法，对图书与档案资源进行分类、主题标引、关联等处理。系统应支持分类体系管理、主题词表维护、知识关联分析等功能。

预算与财务管理：负责图书馆和档案馆的预算编制、财务核算、费用报销等环节。系统需支持预算申报、费用报销、财务报表生成等功能。

信息化管理：实现图书与档案管理流程信息化、自动化和智能化，提高工作效率。系统应具备高度集成、易用性、扩展性和安全性。

用户培训与支持：为学生、教师提供使用图书与档案管理系统的培训与支持，提高信息素养。系统应支持在线培训资料发布、问题反馈、帮助文档查询等功能。

### 3. 科研与研发信息管理系统

大学科研与研发信息管理系统是现代高校的重要组成部分，涉及科研项目管理、研究成果管理、知识产权管理、科研经费管理、科研协作与交流等多个方面。

科研项目管理：负责科研项目申报、审批、立项、执行、验收等全过程管理。系统需支持项目信息录入、查询、修改、进度跟踪等功能。

研究成果管理：记录、归档和推广学校的研究成果，包括论文、专利、软件著作权等。系统应支持成果信息录入、查询、修改、统计分析等功能。

知识产权管理：保护学校的知识产权，包括专利申请、维权、转让、许可等。系统需支持知识产权信息录入、查询、修改、维权进度跟踪等功能。

科研经费管理：负责科研项目的经费申请、分配、使用、报销、审计等环节。系统应支持经费预算、报销申请、审批、报表生成等功能。

科研协作与交流：促进学校内外的科研合作与交流，包括合作项目申请、研究成果分享、学术会议组织等。系统需支持合作申请、成果发布、会议通知等功能。

科研设备与资源共享：实现科研设备、实验室、数据等资源统一管理和共享。系统应支持资源信息录入、查询、修改、预约申请等功能。

科研人员管理：管理科研人员的基本信息、职称职务、科研任务分配、科研成果等。系统需支持人员信息录入、查询、修改、任务分配等功能。

数据分析与决策支持：通过对科研数据的深入分析，为学校领导和管理者提供决策支持。系统应具备数据统计、分析和可视化功能。

信息化管理：实现科研与研发管理流程信息化、自动化和智能化，提高工作效率。系统应具备高度集成、易用性、扩展性和安全性。

学术评价体系：建立科学、公正的学术评价体系，激励科研人员追求创新与卓越。系统需支持评价指标设定、数据采集、评价结果分析等功能。

## 第四节　人事财务资产管理系统

### 1. 人事管理系统要素

信息化管理：建立一个集成的人事信息管理系统，实现人事数据统一存储、快速查询、安全传输和便捷操作。系统应支持人事档案管理、职工信息管理、编制管理、岗位管理、合同管理等功能。

人才招聘与引进：制定科学的招聘政策和程序，吸引优秀人才加入大学。人事系统应支持发布招聘信息、接收简历、在线筛选、面试安排、录用审批等环节。

岗位与职务管理：明确各类岗位的职责、要求和晋升通道，制定合理的岗位设置、职务晋升和职称评审制度。人事系统需支持岗位调整、职务晋升、职称评审等功能。

培训与发展：设立针对不同岗位和层次的培训项目，提升教职员工的业务能力和综合素质。人事系统应支持培训需求分析、培训计划制定、培训课程管理、培训效果评估等功能。

考核与激励：建立公平、公正、透明的考核机制，根据教职员工的工作表现给予相应的奖励或处罚。人事系统需支持绩效考核、奖惩管理、薪酬调整、福利发放等功能。

法规与政策：遵循国家和地方的法律法规，制定大学内部的人事管理规定和政策。人事系统应提供法规政策查询、解读和更新服务，确保各项人事管理工作合规合法。

人际关系与沟通：建立良好的组织氛围，鼓励教职员工之间沟通与合作。人事系统可提供内部通讯录、在线沟通、公告发布等功能，方便员工交流信息和分享经验。

数据分析与决策支持:通过对人事数据的深入分析,为高校领导和管理者提供决策支持。人事系统应具备数据统计、分析和可视化功能,帮助分析人才结构、流动趋势、绩效分布等关键指标,以优化人事管理策略。

安全与隐私保护:确保人事系统的数据安全和员工隐私得到有效保护。采取严格的访问控制、数据加密和备份策略,防止信息泄露和数据丢失。同时,遵循相关法律法规,保护员工个人隐私。

**2. 财务管理系统要素**

预算编制与执行:制定合理的预算编制流程,确保预算的科学性、合理性和有效性。财务管理系统需支持预算编制、审批、调整和执行监控等功能。

费用报销与支付:实现报销申请、审批、支付自动化和电子化处理,提高报销效率。财务管理系统应支持费用报销流程管理、支付处理、发票验真等功能。

财务核算与报表:按照国家和地方财务法规,进行财务核算和报表编制。财务管理系统需支持会计凭证录入、科目设置、财务报表生成、年度结账等功能。

资产管理:统一管理大学的固定资产、无形资产和库存物资等。财务管理系统应支持资产登记、盘点、折旧、处置等功能。

成本核算与控制:对大学的教学、科研、管理等各项成本进行核算和控制,以提高资源利用效率。财务管理系统需支持成本核算、预警、分析和控制功能。

内部控制与审计:建立健全内部控制制度,确保财务活动的合规性、安全性和有效性。财务管理系统应支持内部控制检查、审计跟踪、问题整改等功能。

财税管理:遵循国家和地方的财税法规,进行税收筹划和纳税申报。财务管理系统需支持税务登记、申报、优化等功能。

信息化管理:实现财务管理流程信息化、自动化和智能化,提高工作效率。财务管理系统应具备高度集成、易用性、扩展性和安全性。

数据分析与决策支持:通过对财务数据的深入分析,为高校领导和管理者提供决策支持。财务管理系统应具备数据统计、分析和可视化功能,帮助发现财务风险和优化管理策略。

安全与隐私保护:确保财务管理系统的数据安全和用户隐私得到有效保护。采取严格的访问控制、数据加密和备份策略,防止信息泄露和数据丢失。同时,遵循相关法律法规,保护用户个人隐私。

大学财务管理系统的要素包括预算编制与执行、费用报销与支付、财务核算与报表、资产管理、成本核算与控制、内部控制与审计、财税管理、信息化管理、数据分析与决策支持以及安全与隐私保护。通过建立高效、规范的财务管理系统，大学可以实现财务资源合理分配和有效利用，提高管理水平，促进学校可持续发展。

### 3. 资产管理系统要素

大学资产管理系统是现代高校管理的重要组成部分，主要负责固定资产、无形资产和库存物资等资源管理。

资产登记与分类：对大学各类资产进行详细登记，包括资产名称、型号、规格、购置日期、使用部门等信息。资产管理系统需支持资产信息录入、分类与编码等功能。

资产分配与调拨：根据学校各部门的需求，合理分配和调拨资产资源。资产管理系统应支持资产申请、审批、调拨等功能。

资产盘点与核查：定期进行资产盘点，核实资产的实际数量、使用情况和价值。资产管理系统需支持盘点计划、盘点任务、盘点结果录入等功能。

资产折旧与评估：根据财务法规和校内政策，对固定资产进行折旧和评估。资产管理系统应支持折旧计算、评估方法、价值变动等功能。

资产维修与保养：确保资产正常运行和使用寿命，提高资产利用效率。资产管理系统需支持维修申请、审批、维修记录、保养计划等功能。

资产处置与报废：对不再使用或损坏严重的资产进行处置或报废。资产管理系统应支持处置申请、审批、报废处理等功能。

无形资产管理：管理学校的无形资产，如专利、商标、著作权等。资产管理系统需支持无形资产登记、使用许可、价值评估等功能。

库存物资管理：负责学校各类物资采购、存储和分发。资产管理系统应支持物资申请、库存监控、出入库记录等功能。

信息化管理：实现资产管理流程信息化、自动化和智能化，提高工作效率。资产管理系统应具备高度集成、易用性、扩展性和安全性。

数据分析与决策支持：通过对资产数据的深入分析，为高校领导和管理者提供决策支持。资产管理系统应具备数据统计、分析和可视化功能，帮助优化资产管理策略。

第十五章 校园信息化建设要素

大学资产管理系统的要素包括资产登记与分类、资产分配与调拨、资产盘点与核查、资产折旧与评估、资产维修与保养、资产处置与报废、无形资产管理、库存物资管理、信息化管理以及数据分析与决策支持。通过建立高效、规范的资产管理系统,大学可以实现资产资源合理分配、有效利用和价值最大化,提高管理水平,促进学校可持续发展。

### 4. 招投标系统管理

建立完善的招投标管理制度:制定明确的招投标管理制度,包括流程、标准和要求,确保所有采购项目都按照规定的程序进行招投标,并严格遵守相关法律法规和政策要求。

引入数字化招投标系统:采用数字化招投标系统,实现在线招标公告、投标文件提交、开标等环节电子化管理,提高招投标过程的透明度和效率,减少人为干预的可能性。

设立专门的招投标管理部门:成立专门的招投标管理部门或招投标办公室,负责制定和执行招投标政策,监督和管理招投标活动,提供专业指导和咨询服务。

明确未纳入招投标的项目决策权限:明确未纳入招投标的项目决策权限的范围和层级,确保权力清晰划分,避免滥用权力和不当决策。

建立项目决策和采购权限审批机制:设立项目决策和采购权限审批机制,确保未纳入招投标的项目经过合理的审批程序,审查项目的必要性、可行性和合规性,确保决策的合理性和透明度。

强化内部控制和审计机制:建立内部控制和审计机制,对未纳入招投标的项目进行定期审计和监督,确保决策和采购过程的合规性和风险控制。

加强培训和专业知识提升:组织相关人员培训和学习,提高他们对招投标制度和决策权限的理解和操作能力,增强专业知识和风险意识,减少违规行为发生。

建立举报和监督机制:建立举报投诉机制,鼓励师生和员工对不当决策和采购行为进行举报,设立监督渠道,接受内外部的监督和建议,及时发现和纠正问题。

外部监管和第三方评估:与监管机构和专业机构合作,进行定期的外部监管和评估,对招投标管理和未纳入招投标的项目进行独立评估,提供专业的建议和改进意见。

通过以上措施,可以建立健全的招投标系统管理,明确未纳入招投标项目的决策权限和采购程序,提高决策的透明度和规范性,保证资源合理利用和校园建设的质量与效益。

##  第五节 后勤和建设及办公管理系统

### 1. 后勤信息管理系统要素

大学后勤管理系统是现代高校管理的关键组成部分,涉及基础设施、餐饮服务、宿舍管理、安全保障、环境卫生等多个方面。

基础设施管理:负责学校建筑、道路、绿化、水电气等基础设施规划、建设、维护和改造。后勤管理系统需支持设施信息登记、维修申请、工程管理等功能。

餐饮服务管理:确保学校餐饮服务的质量、卫生和安全。后勤管理系统应支持食堂管理、菜品信息、供应商管理、食品安全检测等功能。

宿舍管理:负责学生宿舍分配、维修、保洁和设施管理。后勤管理系统需支持宿舍信息登记、住宿申请、维修管理、卫生检查等功能。

安全保障:保障校园内人员和财产安全,预防和应对安全事故。后勤管理系统应支持安防设施管理、应急预案、安全巡查、事故报告等功能。

环境卫生:维护校园环境,确保环境整洁和卫生,提供舒适的学习和生活环境。后勤管理系统需支持卫生保洁、绿化养护、垃圾分类等功能。

车辆管理:负责学校车辆采购、使用、保养和报废。后勤管理系统应支持车辆信息登记、用车申请、维修管理、油耗监控等功能。

采购与物资管理:保障学校各类物资采购、分配、存储和报废。后勤管理系统需支持采购申请、供应商管理、库存管理、报废处理等功能。

能源管理:监测和分析学校的能源消耗,提高能源利用效率。后勤管理系统应支持能源数据采集、分析、节能措施等功能。

信息化管理:实现后勤管理流程信息化、自动化和智能化,提高工作效率。后勤管理系统应具备高度集成、易用性、扩展性和安全性。

数据分析与决策支持:通过对后勤数据的深入分析,为高校领导和管理者提供决策支持。后勤管理系统应具备数据统计、分析和可视化功能,帮助发现后勤管理中的问题和优化策略。

大学后勤管理系统的要素包括基础设施管理、餐饮服务管理、宿舍管理、安全保障、环境卫生、车辆管理、采购与物资管理、能源管理、信息化管理以及数据分析与决策支持。通过建立高效、规范的后勤管理系统,大学可以为师生提供良好的学习和生活环境,提高管理水平,促进学校持续发展。

**2. 校园建设管理系统**

大学校园建设管理系统是现代高校基础设施建设和维护的重要组成部分,涉及规划设计、工程项目管理、设施维护、环境保护、安全监控等多个方面。

规划设计:负责校园建设的总体规划、设计与审批,包括建筑规划、绿化规划、基础设施规划等。系统需支持规划方案录入、修改、审批等功能。

工程项目管理:负责校园建设项目立项、招标、施工、验收等全过程管理。系统应支持项目信息录入、查询、修改、进度跟踪等功能。

设施维护:负责校园内各类设施维护与保养,包括建筑物、道路、绿化等。系统需支持设施信息录入、查询、修改、维护任务分配等功能。

环境保护:负责校园内环境保护工作,包括绿化、节能减排、废物处理等。系统应支持环保项目录入、查询、修改、监测数据采集等功能。

安全监控:负责校园内安全监控设施建设与维护,包括监控摄像头、门禁系统等。系统需支持监控设备信息录入、查询、修改、实时监控等功能。

资源管理:负责校园建设过程中所需的人力、物力、财力等资源分配和管理。系统应支持资源信息录入、查询、修改、统计分析等功能。

质量与安全管理:确保校园建设项目的质量与安全,包括工程质量监督、安全生产管理等。系统需支持质量检查、安全隐患排查、整改跟踪等功能。

信息化管理:实现校园建设管理流程信息化、自动化和智能化,提高工作效率。系统应具备高度集成、易用性、扩展性和安全性。

数据分析与决策支持:通过对校园建设数据的深入分析,为学校领导和管理者提供决策支持。系统应具备数据统计、分析和可视化功能。

协同工作与沟通:促进校园建设管理部门与其他相关部门协同工作和沟通。系统需支持任务协同、信息共享、在线沟通等功能。

大学校园建设管理系统的要素包括规划设计、工程项目管理、设施维护、环境保护、安全监控、资源管理、质量与安全管理、信息化管理、数据分析与决策支持以及协同工作与沟通。通过建立高效、规范的校园建设管理系统，大学可以实现校园基础设施合理规划、有效建设和持续维护，为学生和教职员工提供舒适、安全、环保的校园环境，同时为学校可持续发展提供支持。

### 3. 办公管理系统要素

大学办公管理系统是现代高校管理的重要组成部分，涉及内部沟通、公文处理、会议安排、任务分配、项目协作等多个方面。

内部沟通：支持校内师生员工之间的实时通信，包括即时消息、邮件、讨论组等功能。办公管理系统应具备高效、稳定、安全的通信功能。

公文处理：负责公文创建、审批、传递、归档等流程。办公管理系统需支持公文模板、审批流程设置、电子签名、公文查询等功能。

会议管理：协助安排校内各类会议，包括会议时间、地点、参会人员、议程等信息。办公管理系统应支持会议申请、审批、通知、会议纪要等功能。

任务分配与协作：协助各部门分配工作任务，跟踪任务进度，提高工作效率。办公管理系统需支持任务创建、分配、进度跟踪、任务评价等功能。

项目管理：支持学校各类项目协同管理，包括项目规划、执行、监控和总结。办公管理系统应具备项目申请、成员管理、进度报告、风险控制等功能。

文档管理：实现校内文档统一存储、版本控制、权限设置、共享等功能。办公管理系统需支持文档上传、下载、在线预览、版本管理等功能。

日程安排：帮助校内师生员工规划工作和学习日程，提醒重要事项。办公管理系统应支持日程创建、提醒、共享等功能。

资源共享：促进校内各类资源共享和利用，包括教学资源、科研资源、管理资源等。办公管理系统需支持资源发布、检索、下载等功能。

信息化管理：实现办公管理流程信息化、自动化和智能化，提高工作效率。办公管理系统应具备高度集成、易用性、扩展性和安全性。

数据分析与决策支持：通过对办公数据的深入分析，为高校领导和管理者提供决策支持。办公管理系统应具备数据统计、分析和可视化功能，帮助优化办公管理策略。

## 第六节 评估和评建数据统计系统与在线教育平台发展

### 1. 应用型本科评估要求

高校现行评估方案多侧重于评价教育教学要素和能力，设有办学方向与应用型本科地位、培养过程、教学资源与利用、教师队伍、学生发展、质量保障、教学成效等指标。有必要提出新的高校评估要求。

专业群定位准确，对接区域主导产业、支柱产业和战略性新兴产业重点领域。专业群组建逻辑清晰，群内专业教学资源共享度、就业相关度较高，形成优势互补、协同发展的建设机制。专业特色鲜明，行业优势明显，有较强社会影响力。

专业群有高水平专业带头人和教学创新团队，校外兼职教师素质优良。实践教学基地设施先进、管理规范，基地建设与实践教学项目设计相适应、相配套。校企共同设计科学规范的专业群课程体系，反映行业领域的新技术、新工艺、新规范，信息技术深度融入教育教学，线上线下课程资源丰富。

专业群生源质量好，保持一定办学规模。建立毕业生就业跟踪调查机制，学生就业对口率、用人单位满意度、学生就业满意度高。与行业企业深入合作开展科技研发应用，科研项目、专利数量多。

### 2. 高职高专双一流标志性成果要求

国家级或省教学成果、优秀教材、规划教材。

高等职业教育专业教学资源库建设；精品在线开放课程，课程思政教学名师和团队。

教育教学改革试点，示范性虚拟仿真实训项目。

重点专业、骨干专业。

学生在国家级或省级竞赛中获得过奖励（仅包括4项赛事）。

教师获得过包括教学名师、全国高校黄大年式团队、国家职业教育教师教学创新团队等荣誉,职业院校教学能力比赛、课堂创新大赛等奖励。

上述要求一般都是省级标准以上或省级一等奖以上。

### 3. 评建系统及数据统计系统要素

大学评建系统和数据统计系统是现代高校管理的重要组成部分,涉及教学质量评价、科研成果评价、管理水平评价、综合数据分析等多个方面。

教学质量评价:评估教学质量,包括课程设置、教学方法、学生学习成果等方面。系统需支持评价指标设定、数据采集、分析和反馈等功能。

科研成果评价:评估科研创新能力和成果,包括论文、专利、研究项目等方面。系统应支持评价指标设定、数据采集、分析和反馈等功能。

管理水平评价:评估学校管理水平,包括行政管理、财务管理、人事管理等方面。系统需支持评价指标设定、数据采集、分析和反馈等功能。

综合数据分析:通过对学校各项业务数据的深入分析,为学校领导和管理者提供决策支持。系统应具备数据统计、分析和可视化功能。

内部评价与外部评价:实现学校内部自评与外部评价(如教育部门、社会)有机结合,提高评价的公正性和客观性。系统需支持多元评价数据录入、汇总和对比分析等功能。

跨部门协同:促进教学、科研、管理等部门协同工作和沟通。系统应支持任务协同、信息共享、在线沟通等功能。

学生满意度调查:收集学生对课程、教师、学校环境等方面的满意度评价。系统需支持问卷设计、调查数据采集、分析和反馈等功能。

教师发展评价:评估教师的教学、科研、职业发展等方面的表现。系统应支持评价指标设定、数据采集、分析和反馈等功能。

信息化管理:实现评建和数据统计工作信息化、自动化和智能化,提高工作效率。系统应具备高度集成、易用性、扩展性和安全性。

持续改进与优化:根据评建和数据统计的结果,对学校的各项工作进行持续改进和优化,提高学校整体水平。系统需支持结果跟踪、改进措施设计和实施等功能。

### 4. 在线教育发展对未来大学教育的影响

未来在线教育发展将对未来大学教育产生深刻的影响,具体的影响包括以下几个方面：

学生的学习方式和需求将发生变化：随着在线教育的普及和发展，学生的学习方式和需求将发生变化。未来大学教育需要更加注重学生的个性化学习需求和实践能力培养。传统大学的教育方式一般是以课堂为中心，教授相对固定的知识体系。未来的大学教育将更加注重学生的个性化学习，不同学生可以按照自己的学习需求和兴趣选择学习内容和课程，不再受固定的课程体系限制。同时，学生可以利用在线教育平台进行自主学习和实践，获得更加全面和实践性的知识和能力。

教师的教学角色和要求将发生变化：未来在线教育将改变传统的教学模式，教师的教学角色和要求也将发生变化。传统大学的教学方式一般是以教师为中心，教师担任讲解和传授知识的角色。未来的大学教育将更加注重学生的自主学习和实践能力培养，教师需要更多地扮演学习的设计师、指导者和评估者角色。他们需要更好地了解学生的学习需求和特点，设计和制定相应的课程目标、学习任务和教学策略，鼓励学生发挥主动性和创造力，为学生提供更好的学习体验和教学效果。

教学质量和效率将得到提高：在线教育将通过各种技术手段和评估机制提高教学质量和效率。在线教育平台可以通过对学生的学习数据和表现进行分析和反馈，为教师提供更好的教学反馈和指导，促进学生学习和成长。同时，在线教育平台还可以提供更多的教学资源和学习机会，扩大教育资源的覆盖范围和受众面，为学生提供更加丰富和多元化的学习体验。

大学课程和学位制度将发生变革：随着在线教育的普及和发展，大学课程和学位制度将发生变革。在线教育平台为学生提供更加多样化和灵活的课程选择，学生可以根据自己的学习需求和职业规划选择课程和专业。这意味着大学需要不断更新、改进课程和学位制度，适应在线教育的发展和变化。例如，大学可以将在线教育与传统教育相结合，开设线上和线下相结合的课程，提供更加多元化的学习体验和教育资源；大学还可以通过在线教育平台与其他大学合作，分享教育资源和课程，为学生提供更加丰富和多样化的学习机会。

大学教育将更加国际化和多元化：在线教育将促进全球教育资源共享和合作，大学教育将更加国际化和多元化。在线教育平台为学生提供与来自不同国家和地区的学生交流和合作的机会，拓宽视野，培养全球化思维和跨文化沟通能力。同时，大学也可以通过在线教育平台开设跨国课程和项目，为学生提供更加国际化和多元化的学习体验和机会。

未来在线教育发展将对未来大学教育产生深刻的影响。大学需要适应在线教育的发展和变化,注重学生的个性化学习需求和实践能力培养,提高教学质量和效率,促进教育国际化和多元化。同时,大学还需要不断更新课程和学位制度,与其他大学合作,分享教育资源和课程,为学生提供更加丰富和多样化的学习机会和体验。

# 第十六章　招生就业与宣传

## 第一节　招生宣传与就业指导

### 1. 招生宣传

招生宣传旨在吸引更多学生报告本校,可通过多种手段展示学校各个好的方面。

突出特色:在宣传材料、官方网站等渠道,强调学校的办学特色、专业优势和成果,吸引更多优秀学生报考。

举办招生活动:开展高校巡回宣讲、线上招生咨询等活动,为考生提供及时、准确的招生信息。

加强对外合作:与中学、教育机构等合作,建立互动平台,增加学校的知名度和影响力。

利用新媒体:运用微信、微博等社交媒体,推出招生政策、学校新闻等信息,扩大传播范围。

**提高宣传质量**：制作精美的宣传册、招生手册等材料，提升学校形象。

**突出学校竞争力**：在宣传材料、官方网站等渠道，展示学校的科研实力、专业排名、毕业生就业率等方面的竞争优势，吸引更多优秀学生报考。

**打造口碑工程**：通过成功校友、优秀师资等人物故事，展现学校的文化底蕴、教育理念和人才培养成果，树立良好校园形象。

**强调名师资源**：宣传学校的优秀教师、特聘教授等，让考生了解到学校的师资力量，提升学校的吸引力。

**展示校园设施**：介绍学校的教学楼、图书馆、体育场馆、实验室、公寓等先进设施，让考生感受到学校优越的学习环境。

**强调大学生活**：通过举办各类文化、艺术、体育活动等，展示丰富多彩的大学生活，提升学校的吸引力。

**宣传奖助学金政策**：详细介绍学校的奖学金、助学金、学费减免等政策，减轻学生的经济负担，吸引更多家庭支持。

## 2. 就业指导

就业指导的目的是为毕业生提供就业准备、就业帮助，并使学生最终找到合适的工作岗位。

**个性化职业规划**：设立就业指导中心，为学生提供针对性的职业规划建议，帮助他们明确职业目标。

**培训与技能提升**：组织各类培训课程、实践活动等，提高学生的实际操作能力和综合素质，增强就业竞争力。

**定期举办就业招聘会**：邀请不同行业、领域的企业参加校园招聘会，为学生提供广泛的就业选择。

**创业指导与支持**：提供创业培训、创业老师、创业基金等支持，鼓励学生创新创业，培养创新型人才。

**构建校企合作平台**：与企业建立紧密的产学研合作关系，为学生提供实习机会，加强学生与企业互动交流，提升学生的实践经验和就业能力。

**提供海外就业和发展信息**：通过国际交流合作项目，为学生提供海外实习、工作和深造的信息和机会，拓宽就业视野。

**建立校友资源库**：利用校友资源，为在校学生提供行业经验分享、实习就业机会等，增强学生的职业认同感和归属感。

加强就业政策宣传:及时传递国家和地方的就业政策信息,帮助学生了解各类就业优惠政策,提高就业积极性。

跟踪毕业生就业情况:定期关注毕业生的就业状况,为他们提供职业发展指导和资源信息,助力职业生涯规划。

通过关注以上方面并采取具体措施,大学在招生宣传和就业指导方面将更具竞争力,为学生提供更好的教育和发展机会。

## 第二节　大学宣传工作的具体内容和要点

### 1. 校园内宣传工作

大学内外宣传工作是提升学校形象、展示学校特色和优势、提高知名度和影响力的重要手段。

学校文化建设:通过举办文化活动、制定文化标识和校训等,弘扬学校传统,树立学校文化特色。

学术成果展示:定期发布学校科研、教育成果,彰显学校在学术研究和教学领域的实力和影响力。

校园活动报道:报道学校举办的各类活动,如学术讲座、校庆、运动会等,增强校园活力和凝聚力。

学生事务宣传:宣传学生活动、学生荣誉、奖助学金政策等,关注学生成长,提高学生满意度。

教职员工关怀:关注教职员工的工作、生活和成长,提供培训、职业发展等信息,提高教职员工满意度。

后勤服务宣传:介绍后勤服务的改进措施和优化成果,提升后勤服务质量,营造舒适的办学环境。

### 2. 对外宣传工作

学校形象推广:通过各种渠道,如官网、社交媒体、广告等,展示学校的特色、优势和发展历程,提高知名度。

招生宣传:通过举办招生宣传活动、制作招生宣传资料等,向社会传递学校的教育理念、专业设置、奖助政策等信息,吸引优秀学生。

合作交流宣传:积极参与国内外学术交流和合作项目,发布合作成果,提升学校的国际影响力。

学术活动宣传:组织并宣传学术研讨会、讲座等活动,提升学术氛围,为师生提供学术交流平台。

社会服务宣传:通过参与社会公益活动、科技创新项目等,展示学校的社会责任和服务能力。

校友关系宣传:加强与校友联系和沟通,宣传校友的成就和贡献,增强校友对学校的认同感和归属感,形成良好的校友互动网络。

媒体关系:积极与各类媒体建立良好关系,利用媒体资源宣传学校的优势和特色,扩大学校在社会上的知名度。

危机公关:遇到突发事件或危机时,及时发布权威信息,采取有效措施,减轻负面影响,维护学校声誉。

### 3. 在大学宣传工作中的关注点

确保信息准确性:发布的信息要准确、及时、真实,避免误导师生和社会各界。

塑造良好形象:宣传学校的特色、优势和成就,塑造一个积极向上、独具特色的学校形象。

深化传播方式:利用不同传播渠道,如网络、平面媒体、视频等,多样化地传播学校的正面信息,扩大影响力。

注重传播效果:关注宣传活动的效果,及时调整策略,优化传播手段,强化宣传效果。

加强沟通协作:各部门之间要加强沟通与协作,形成宣传工作合力,共同提升学校形象。

通过增强对内对外宣传工作的针对性和全面性,大学可以提升自身知名度和影响力,为教育事业的发展和学校品牌建设创造良好的条件。

# 第十七章 提升后勤服务质量

## 第一节 提升大学后勤服务质量的措施

提升大学后勤服务质量是保障校园生活顺利运行和提高师生满意度的重要方面。

**1. 大学后勤服务内容**

餐饮服务：保障食堂卫生，提供营养丰富的餐食，丰富菜品选择，合理定价，提高服务效率。

宿舍管理与维护：保持宿舍环境整洁，提高设施维修效率，保证供暖、供电、供水正常运行。

校园安全与保安：加强校园治安管理，增强安全意识，保障校园安全。

校园交通与停车管理：规划合理的交通路线和停车场地，优化交通指引。

绿化环境与卫生：保持校园绿化环境美观，加强校园卫生管理，提高校园环境质量。

医疗服务：提供优质的医疗服务，保障师生健康。

节能减排：推广节能设备与技术，提高资源利用效率，降低能耗，减少排放。

## 2. 提升大学后勤服务质量的措施

制定后勤服务质量标准：明确各项后勤服务的具体标准和要求，为提升服务质量提供明确指导。

完善后勤服务体系：建立健全后勤服务体系，包括组织结构、管理制度和工作流程，确保服务顺畅高效。

建立信息化管理平台：利用信息技术手段，搭建后勤服务信息化管理平台，实现后勤信息的共享、统一管理和自动化处理。

加强后勤服务队伍建设：选拔优秀人才，加强后勤工作人员培训和考核，提升工作人员的服务意识和业务能力。

优化资源配置：合理配置人力、物力、财力等资源，确保各项后勤服务有足够的支持。

加强设备设施建设与维护：投资更新设备设施，定期进行维护检修，保证设备设施正常运行。

定期评估与改进：定期对后勤服务进行评估，听取师生意见和建议，及时调整和改进工作，提高服务满意度。

建立健全激励与奖惩机制：根据后勤服务人员的工作表现，设置奖励和惩罚措施，激发员工积极性和创造力，不断提高后勤服务质量。

开展多渠道宣传与沟通：通过校园媒体、网络平台、座谈会等方式，宣传后勤服务的工作内容和成果，加强与师生沟通与交流，增进双方互相理解和信任。

落实责任制：明确各级后勤管理部门和人员的责任范围，确保后勤服务质量提升落到实处。

建立有效的监督机制：加强对后勤服务工作的监督，确保各项工作按照既定标准和要求进行，及时发现问题并进行整改。

引入竞争与外包机制：在某些后勤服务领域引入竞争机制和外包服务，借鉴先进的管理经验和服务模式，提升服务质量。

通过实施以上措施，大学可以在不断提高后勤服务质量的过程中，营造一个舒适、便捷、安全的校园环境，为师生提供高效、优质的后勤保障，从而为大学的教学、科研和管理工作创造良好条件。

第十七章 提升后勤服务质量

## 第二节 发挥工会作用，不断提升教师工作生活条件

**1. 发挥大学工会的作用**

大学工会致力于维护职工的合法权益，包括薪资待遇、职务晋升、福利保障等方面。为此，工会积极与学校管理层沟通，协商解决职工面临的问题，改善工作条件，保障职工权益不受侵犯。

大学工会通过组织各类文体活动、座谈会等形式，促进职工交流与合作，增进团结友谊。这样有利于提高职工间的凝聚力和团队合作能力，共同为学校发展和进步贡献力量。

大学工会关注职工的职业发展，定期开展各类培训、讲座等活动，帮助职工提升职业技能、拓宽知识领域，从而提高工作效率和专业素养。此外，工会还积极推动职工参与职业道德教育、心理健康教育等课程，全面提升职工素质。

大学工会作为职工的代表组织，积极参与学校的重要决策和管理工作，通过民主评议、意见征集等方式，体现职工意愿和诉求。同时，工会也对学校管理和政策实施进行监督，保证政策公正、公开和合理执行。

大学工会可采取了以下措施发挥工会的作用：

定期组织职工代表大会，让职工有机会直接参与决策、提出意见和建议。

设立专门的职工服务部门，为职工提供咨询、帮助和解决问题的渠道。

加强与校内外相关组织合作和交流，共同推动大学职工福利和权益保障工作。

制定完善的工会章程和管理制度，明确工会的职责和职工权益保障机制。

创新活动方式，打造多元化的培训和文体活动平台，满足职工个性化需求。

推广信息技术在工会工作中的应用，利用网络平台、社交媒体等手段及时传递信息，搭建职工之间的沟通桥梁。

建立和完善工会成员的培训体系，鼓励职工发挥专长，参与工会事务，提高工

会工作的专业性和实效性。

定期开展职工满意度调查,及时了解职工对工会工作的评价和建议,持续优化工会服务。

**2. 教师子女培养中的个性化教育建议**

学校要重视不断改善教师的工作和生活条件,包括住房、办公、交通以及子女教育等,增强凝聚力。

建议教师和员工在家庭教育中,考虑孩子的个性化需求。家庭教育中的个性化教育可以从以下几个方面进行:

理解孩子的个性:家长需要了解孩子的性格、兴趣爱好、能力水平等方面的特点,以此为基础制定相应的教育方案,以满足孩子的个性化需求。

创造良好的学习环境:为孩子创造适合他们学习和成长的环境,提供有助于孩子发展的学习资源和教育工具。

灵活的教学方式:根据孩子的学习特点和兴趣爱好,采用不同的教学方式,包括课堂教学、讨论、辅导等,以满足孩子的个性化需求。

个性化的家庭作业:根据孩子的兴趣爱好和能力水平,制定个性化的家庭作业,以帮助孩子更好地掌握知识和技能。

鼓励孩子的创造力和创新精神:给孩子提供多样化的学习机会和体验,鼓励他们发挥想象力、创造力和培养创新精神,以帮助孩子个性化发展。

鼓励孩子参与家庭活动:让孩子参与家庭生活中的各种活动,比如烹饪、打扫卫生、园艺等,以锻炼孩子的动手能力和实践能力。

家庭教育中的个性化教育可以帮助孩子更好地发展自己的潜力,实现自我价值,在成长过程中获得更多的自信和成就感。

以下是一个家庭个性化和自适应的问卷调查的例子:

(1)您的孩子的年龄是多少?

(2)您是否了解您孩子的个性、兴趣、特长和能力?

(3)在您孩子的学习中,您是否根据孩子的个性化需求,采用不同的教学方式?

(4)您是否为孩子创造了适合他们学习和成长的环境?比如,安排孩子参加兴趣班、运动班、音乐课等。

(5)您是否为孩子提供了个性化的家庭作业?

(6) 您是否鼓励孩子发挥创造力和创新精神？比如，鼓励孩子自己制作玩具或者参加一些创新竞赛。

(7) 您是否定期与孩子交流，了解他们在学习和成长中的困难和问题，并给予相应的帮助和支持？

(8) 您是否鼓励孩子参与家庭活动，比如烹饪、打扫卫生、园艺等，以锻炼孩子的动手能力和实践能力？

(9) 您是否为孩子提供了多样化的学习机会和体验，比如参观博物馆、旅游等？

(10) 您是否认为您的教育方式已经满足了您孩子的个性化需求？

以上问题旨在了解家庭是否有针对孩子的个性化和自适应教育的措施和行动，并从中找到改进的空间，以满足孩子的个性化需求。

大学工会作为职工利益的代表和维护者，通过多种措施履行其职责，在维护职工权益、关爱教职工生活与子女教育、提高团队凝聚力、促进校园和谐等方面发挥了重要作用。大学工会应继续探索创新，与时俱进，以更好地服务广大教职工，为学校发展作出更大的贡献。

# 第十八章 规划智慧校园,树立口碑工程,培育标志性成果

## 第一节 大学校园规划与建设应关注的要素

校园规划必须面向未来科技发展,紧跟行业和专业的发展趋势,符合教育教学改革的方向,建设智慧绿色平安美丽的校园。

### 1. 灵活的学习空间

校园规划应设计和建设灵活多样的学习空间,包括教室、实验室、图书馆、自习室、创客空间等。这些空间应考虑到不同学科和学习方式的需求,提供舒适、开放、灵活的环境,以利于合作学习,并促进学生的创新思维培养。

### 2. 技术与信息化设施

随着现代科技的迅速发展,校园规划应考虑充分利用技术与信息化设施。这包括高速网络覆盖、智能化建筑、虚拟现实和增强现实技术、大数据分析等。通过

整合信息和数据,提供学生和教职员工所需的便捷技术支持和在线服务。

### 3. 先进的科研与创新基础设施

为支持科学研究和技术创新,校园规划应提供先进的科研与创新基础设施,如实验室、研究中心、科技孵化器等。这些设施应配备最新的仪器设备和实验工具,以支持学生和教职员工进行前沿研究和创新活动。

### 4. 环境友好与可持续性

在校园规划与建设过程中,应注重环境友好与可持续性的原则。这包括采用绿色建筑设计,选择可再生能源,实施废物分类和回收,以及推广节能和环保的实践。通过减少能源消耗、降低碳排放和保护生态环境,打造一个可持续发展的校园。

### 5. 校园建筑与景观设计

校园建筑和景观设计应注重美观、功能性和文化特色。校园建筑设计要符合学校的教育理念和形象,同时考虑到学生和教职员工的需求。景观设计要创造宜人的环境,提供休闲与交流的场所,并将当地的文化特色融入景观设计中。

### 6. 校园文化与艺术

校园规划应注重校园文化与艺术培育与发展。这包括在校园规划中考虑建立艺术展示区、雕塑园和户外艺术空间,为学生和教职员工提供欣赏和参与艺术创作的机会。同时,可以安排定期的文化艺术活动,如音乐会、舞蹈演出、戏剧表演等,丰富校园文化氛围。

### 7. 安全与紧急管理

在校园规划中要考虑安全与紧急管理的要求。建立完善的安全与紧急管理体系,包括校园安保、突发事件应急响应、危机管理等。制定安全预案和紧急通信机制,提供紧急求助和报警设施,确保校园安全和秩序。

### 8. 社交与交流平台

建设社交与交流平台,如校园社交网络、在线社区、学生组织管理平台等,以促进学生交流、合作和互动。这些平台可以提供学生社交、活动信息发布、资源共享等功能,加强学生之间的联系,推动形成校园社交网络。

### 9. 智慧校园管理系统

引入智慧校园管理系统,涵盖校园设施、资源、服务管理。这包括校园设备智能化管理、校园服务自动化提供、安全监控与管理、校园活动在线报名与管理等。通过整合信息和数据,实现校园管理的高效性和便捷性。

### 10. 绿色公共空间

校园规划应注重绿化与公共空间设计。创建美丽的校园公园、植物园和休闲绿地,为学生和教职员工提供舒适的休息和交流场所。这些绿色公共空间也有助于提升校园环境质量和师生的生活品质。

大学校园规划与建设应关注现代科技的发展趋势,并兼顾校园建筑与文化的特色。通过充分考虑灵活的学习空间、先进的科研与创新基础设施、环境友好与可持续性、技术与信息化设施等要素,打造一个符合现代需求、充满活力和文化氛围的大学校园。同时,通过考虑校园建筑与景观设计、校园文化与艺术、社区融入与开放共享等要素,创造宜人的校园环境,丰富学生的学习和生活体验。

## 第二节 打造口碑工程和倡导精细化管理理念

大学口碑工程和精细化管理理念是现代高等教育发展中的两个重要概念。

### 1. 大学口碑工程

大学口碑工程是指通过全面、深入、真实的宣传和推广,形成良好的大学声誉和形象,从而吸引更多的优秀学生、教师和研究资金的一种策略性宣传管理方式。在现代高等教育竞争激烈的背景下,大学口碑工程的实施对于高校的发展至关重要。

大学口碑工程的核心内容包括：

**核心价值观**：明确大学的办学理念、文化特色和核心价值观，并注重营造良好的校园文化和校园氛围。

**人才培养质量**：关注教育教学质量，推行优秀的课程体系和教学模式，注重培养学生的实践能力和创新精神。

**科学研究能力**：发挥科研优势，提升学校在学术界的地位和影响力，建立高水平的研究机构和团队，打造科研品牌和学术平台。

**社会服务能力**：注重学校社会服务的功能，推行校企合作，为社会提供优质的服务，树立良好的社会形象。

## 2. 精细化管理理念

精细化管理理念是指将管理工作细化、规范化、标准化，通过细节化的管理手段提高管理水平和管理效益的一种管理方式。精细化管理理念广泛应用于现代高等教育管理中。

精细化管理理念的核心内容包括：

**规范化管理**：将管理工作规范化，制定详细的管理制度和管理流程，确保管理工作的规范性和准确性。

**数据化管理**：注重数据收集和分析，建立高效的数据信息系统，实现管理工作数字化、信息化和智能化。

**个性化管理**：针对不同的对象和问题，采取个性化的管理手段和策略，使管理工作更加精准和有效。

**服务化管理**：注重对学生、教师和社会的服务，将管理工作转变为服务工作，提高学校的服务水平和服务效果。

大学口碑工程和精细化管理理念都是现代高等教育管理中的重要的管理方式，它们可以从不同的侧面帮助高校提高教育教学质量，提高管理水平和管理效率，进而为学校发展打下坚实的基础。

## 3. 提高各部门管理与服务效率的措施

加强人才培养和管理：大学可以通过加强人才培养和管理，提高各部门人员的专业素质和管理水平，推动校园信息化建设顺利推进。这包括加强岗位培训、提高员工待遇、改善工作环境等方面。

完善管理制度和流程：大学可以通过完善管理制度和流程，规范各部门工作流程，优化管理方式，提高工作效率和质量。这包括制定科学的管理制度、建立规范的流程标准、提高信息系统的管理水平等方面。

优化信息化技术应用：大学可以通过优化信息化技术应用，提高各部门信息化技术水平和服务能力，加速校园信息化建设的步伐。这包括加强网络建设、提高系统应用能力、开展信息技术培训等方面。

加强资源整合和共享：大学可以通过加强资源整合和共享，提高各部门信息资源整合和共享能力，实现信息流程无缝衔接和信息互通互联，提高工作效率和质量。这包括加强信息资源整合、建立信息共享机制、提高信息安全保护能力等方面。

推动数字化办公和管理：大学可以通过推动数字化办公和管理，实现信息处理自动化和数字化，提高工作效率和质量。这包括推动数字化办公和文化建设、开展数字化管理培训、提高数字化管理应用能力等方面。

以上措施能够有效提高各部门管理与服务效率，推动校园信息化建设以及教育教学工作全面提升和发展。

## 第三节　标志化成果培育

大学标志化成果培育是指通过培养具有鲜明特色和优势的学术、科研、教学、文化、创新创业等方面的优秀成果，以提升学校的知名度、影响力和竞争力。标志化成果培育包括学生和教师等多个层面。

**1. 学生层面：鼓励参加高水平创新创业竞赛和研发及社会实践**

专业竞赛：鼓励并支持学生参加各类国内外专业竞赛，重点鼓励参加中国"互联网＋"大学生创新创业大赛、"挑战杯"全国大学生课外学术科技作品竞赛和中国大学生创业计划竞赛、世界技能大赛、全国职业院校技能大赛。也可以参加如数学建模、机器人大赛、各类设计竞赛等，以展示学生在专业领域的才能和实力。

学术研究：引导学生开展学术研究，参与攻关课题、撰写论文、发表成果，提升学术水平和研究能力。

创新创业:设立创新创业实践基地,为学生提供创意孵化、项目开发、市场推广等一站式服务,培养具有创新精神和创业能力的人才。

社会实践:组织学生参加志愿服务、社会调查、实习实践等活动,锻炼学生的团队协作、沟通表达、解决问题的能力。

文化交流:加强国内外学术交流,邀请知名专家学者举办讲座、座谈,鼓励学生参加海外交流项目,提升学生的国际视野和跨文化沟通能力。

**2. 教师层面:培育教学名师和构建高水平教学创新体系**

教学成果:注重教学方法改革,开展课堂教学、实践教学、网络教学等,提高教学质量,培育优秀的教学成果。重点培育教学名师、全国高校黄大年式团队、国家职业教育教师教学创新团队等,鼓励参加职业院校教学能力比赛、课堂创新大赛等。

科研成果:鼓励教师开展基础研究、应用研究和技术开发,争取国家级和省部级科研项目,形成具有影响力的科研成果。

人才培养:选拔优秀教师参加国内外进修、访学、合作研究等活动,提高教师的专业素养和学术水平,为学生培养提供优质的师资支持。

学术地位:支持教师参加国内外学术会议,加强学术交流与合作,提升教师在相关领域的学术地位和影响力。

教育教学改革:鼓励教师尝试新的教育教学方法,如翻转课堂、项目式教学、在线混合教学等,以提高教学效果和学生满意度。

学科建设:加强学科建设,培育特色优势学科,提升学科综合实力和国际竞争力。

**3. 学校层面:培育特色专业教学成果和精品在线开放课程名师团队及资源**

品牌建设:通过举办高水平学术会议、发布重要研究成果、承办各类国家创新竞赛和技能大赛、承担重大社会责任等途径,树立学校品牌形象,提升学校知名度。重点支持和培育高水平教学成果和教材创新、各专业群高质量精品在线开放课程、专业群教学资源库、课程思政教学名师和团队、虚拟仿真实训基地、重点骨干特色专业。

校园文化:打造独具特色的校园文化,如举办学术论坛、文化节、体育赛事等活动,重点培育符合学校发展规划和特色的高水平学生社团,包括重点扶持创新创业社团、有较强竞争力的体育校队、特色鲜明的人文艺术社团,营造浓厚的学术氛围和特色人文气息,增强凝聚力,树立学校大学文化品牌。

社会服务:积极开展科研成果转化,为地方经济社会发展提供智力支持和技术服务,展示学校的社会责任和价值。

合作与交流:加强与国内外知名高校、研究机构合作与交流,提升学校在国际学术界的影响力和知名度。

大学标志化成果培育涉及学生、教师等多个层面,旨在通过学术、科研、教学、文化、创新创业等方面的优秀成果,提升学校的知名度、影响力和竞争力。这需要学校制定明确的发展战略,营造良好的教育教学环境,加强师资队伍建设,优化资源配置,创新人才培养模式,以培养出一批具有国内外竞争力和社会责任感的优秀人才。